Dorothea Löcker Alexander Potyka (Hg.)

Lesereise Kulinarium Italien

Dorothea Löcker
Alexander Potyka (Hg.)

Lesereise Kulinarium Italien

Oliven, Wein und jede Menge Pasta

Picus Verlag Wien

Umfassend überarbeitete Neuausgabe 2011

Grafische Gestaltung: Dorothea Löcker, Wien
Umschlagabbildung: Raffaele Celentano / laif
Druck und Verarbeitung: Remaprint, Wien
ISBN 978-3-85452-996-5

Informationen über das aktuelle Programm
des Picus Verlags und Veranstaltungen unter
www.picus.at

Inhalt

Warnhinweis

Vorwort

Es gibt sicherlich kein Land, das man stärker mit kulinarischen Wohlgenüssen verbindet als Italien. Sicher, auch Frankreich weist gern auf seine Haute Cuisine hin und Österreich auf die donaumonarchische Vielfalt seiner Küche. Aber ein Blick auf den aktuellen Stand der Globalisierung klärt die Frage, wer die Nase vorn hat, eindeutig. Kaum ein besiedeltes Stück Land ist vorstellbar, wo *spaghetti, pizza* und *espresso* nicht Einzug gehalten hätten.

Dennoch – oder gerade deshalb – gehören die kulinarischen Sehnsüchte sicherlich zu den wichtigsten Motiven für eine Reise nach Italien. (Gäbe es nicht den kulturellen Reichtum und die landschaftliche Vielfalt, könnte man meinen, die Karawanen der Ausländer zöge es wirklich nur an Italiens Tische.) Doch gerade die Transformation dieser Genüsse bei ihrer Reise um die Welt macht den Unterschied so spürbar. Wo sonst wird die Erzeugung und Zubereitung von Speisen und Getränken mit solcher Ernsthaftigkeit und Würde betrieben wie in Italien, gleichzeitig mit vergleichbarer Leichtigkeit und Selbstverständlichkeit?

Wer einen *barista* und seine Besatzung hinter dem Bartresen bei ihrem geschäftigen und kundigen Treiben beobachtet, wer die sonntäglichen Familienausflüge ins *ristorante* erlebt und die nuancenreichen Diskussionen über Zubereitungsvarianten, die den Bestellungen vorangehen, wer sich selbst in einfachsten *trattorie* an der bedachten Inszenierung und den Stoffservietten erfreut hat, wer sich durch die Menschenmenge auf einem der üppigen italienischen Märkte gezwängt hat, der weiß, um wie viel näher Italiener am Paradies leben.

Hinter der allgegenwärtigen täglichen Kochkunst verbirgt sich freilich jahrhundertealte Landwirtschaftskunst, die garantiert, dass Käse wie Käse schmeckt und Schinken, Wein und Olivenöl ihrem Namen gerecht werden.

Wenn Bücher auch gern als Genussmittel bezeichnet werden, so können sie doch Tafelfreuden nicht ersetzen. Der vorliegende Sammelband mit den schönsten kulinarischen Reportagen aus der Reihe *Picus Lesereisen* will das auch ebenso wenig, wie er Kochbuch oder Ratgeber sein kann. In neunzehn Beiträgen aus nahezu allen Teilen Italiens erzählen unsere Autorinnen und Autoren vielmehr die Geschichten hinter dem Vertrauten und ermöglichen so einen Blick, der dem Reisenden zumeist verborgen bleibt.

So muss an dieser Stelle vor den Nebenwirkungen gewarnt werden: Achtung, dieses Buch kann Reisefieber, Hunger und Durst auslösen. Auf dem Weg dorthin wünschen wir jedoch viel Vergnügen.

Dorothea Löcker &
Alexander Potyka

Der Duft der kleinen weiten Welt

Eine italienische Institution: die Espressobar

Man riecht es und man hört es – Italien. Man läuft durch irgendeine wunderhübsche Altstadtgasse oder ein lausig peripheres Viertel und hat auf einmal diesen Duft in der Nase, verführerisch und stark. Man folgt ihm, und man hört im Näherkommen zwei schnelle harte Hiebe auf Gummi oder Holz: Der Barmann hat gerade den Schwengel, der in einer runden Mulde das Kaffeepulver enthält, in eine Schublade entleert und füllt ihn nun von Neuem, das dunkle Mehl mit einem Stampferchen verteilend. Er klinkt den Schwengel an der Espressomaschine ein, öffnet den Dampfhahn und aus dem Ausguss rinnt sämig jene braune Brühe, die der Treibstoff Italiens ist. Man ist, kurzum, in einer Kaffeebar gelandet, und kaum hat der *barista* mit der weißen Schürze die Bestellung vernommen, da landet schon mit schwungvollem Geklapper eine dickliche Untertasse auf dem Tresen, gefolgt von einem silbernen Löffelchen.

Italien ohne Espressobar, das wäre wie die Schweiz ohne Käse, wie Österreich ohne Wien, wie Deutschland ohne Autobahn, wie die USA ohne Trommelrevolver. Die Kaffeebar ist eine Stütze des gesellschaftlichen Gesamtgefüges, ein Nationalmerkmal in hundertzweiundvierzigtausendfacher Ausführung, das aus dem Land so wenig wegzudenken ist wie die katholische Kirche, die *carabinieri* und die Zeitungskioske. Kein Dörfchen ohne *bar centrale* und keine Stadt ohne Dutzende, Hunderte, ja Tausende von Stehlokalen, aus denen es duftet, klappert und nach harten Hieben klingt. »Die Bar ist die einzige italienische Institution, die funktioniert«, sagt Signora Cuneo, Malerin und Antiquarin.

Die Signora hat ihre Stammbar seit Jahrzehnten in der Via dei Coronari Nr. 183 im Zentrum von Rom. Antonio Santoni, der vierundvierzigjährige Inhaber, der schon als Vierzehnjähriger unter Vaters Regie hier zu arbeiten begann, ist ein Mensch mit Computergedächtnis. Darin speichert er die Vorlieben und Eigenheiten seiner zweihundert bis dreihundert Stammkunden, die täglich in der Bar Santoni aufkreuzen: welche Art von Kaffee einer bevorzugt, ob er ihn aus der *tazzina,* dem Espressotässchen, trinkt oder aus dem kleinen, dicken Glas, wie viel Zucker einer nimmt und welche Zutaten er im Espresso liebt. Mal legt Antonio gleich den Diätsüßstoff auf die Untertasse, mal langt er ins verspiegelte Regal nach der Brandyflasche. Und immer wieder wischt er mit feuchtem Tuch über den Marmortresen und die Espressomaschine, immer wieder richtet er die langen Löffel auf, die aufrecht im Zucker stehen sollen. Und immer läuft aus dem Wasserhahn ein dünner Strahl ins Becken.

Die Kaffeebar hat mancherlei Funktion, darunter die, dass man dort Kaffee trinken kann. *Caffè,* sagt der Italiener und meint damit das, was seine Nachbarn unter dem Begriff Espresso längst als Attribut verfeinerter Lebensart übernommen haben. Die Espressomaschine, erstmals 1905 industriell gefertigt, hat ein Extraktionsverfahren, das ein besonders intensives Aroma und einen luftigen Schaum auf dem Körper des Kaffees hervorbringt. Ein Tässchen Espresso, zwanzig bis fünfunddreißig Milliliter, um genau zu sein, erzeugt der Barmann, indem er per Knopfdruck vollautomatisch das Wasser in der Espressomaschine auf neunzig bis fünfundneunzig Grad erhitzt und es bei einem Druck von neun Bar in Form von Dampf fünfundzwanzig bis dreißig Sekunden lang durch sechseinhalb bis sieben Gramm fein gemahlenen Kaffee presst (so besagt es jedenfalls ein Leitfaden der größten Kaffeefirma Lavazza).

Indes ist mit einem einfachen *caffè* nicht jeder Kunde in der Bar zufrieden. Es lebe die Vielfalt, wir sind in Italien. Ergo gibt es auch den *caffè macchiato,* den mit ein paar Tropfen warmer oder kalter Milch »befleckten«, dessen Gegenstück das mit ein paar Spritzern Kaffee verdunkelte Glas Milch ist: *latte macchiato*. Der *caffè lungo* wird mit Wasser verlängert, der *caffè doppio* ist eine doppelte Kaffeeportion und der *caffè corretto* ist korrigiert durch Zusatz von Grappa, Whisky, Amaro oder ähnlichen Spirituosen. *Caffè al vino rosso* ist mit Rotwein versetzt, *caffè freddo* wird im Sommer verlangt, denn er ist eiseskalt.

In Süditalien ist der *caffè ristretto* gang und gäbe – etwas weniger, dafür umso stärker. Und die Bewohner des *mezzogiorno* wissen auch, was mit *caffè genovese* gemeint ist: ein Espresso mit einem derart großen Schuss Milch, dass es schon fast ein *caffè latte* ist, ein Milchkaffee, der freilich teurer wäre. Als Genueser Gesöff verspotten ihn die Südländer deshalb, weil sie die Bürger Genuas für besonders geizig halten.

Hingegen war in Neapel bis vor einiger Zeit ein Gestus besonderer Großzügigkeit verknüpft mit dem *caffè sospeso,* dem aufgeschobenen Kaffee. Hatte jemand etwas Erfreuliches erlebt, so ging er zur Bar, bestellte und bezahlte zwei Kaffee. Er trank aber nur einen, der zweite blieb ausgesetzt für irgendeinen unbekannten armen Nebenmenschen, der nach ihm kommen, den Barmann nach einem *caffè sospeso* fragen und dann umsonst sein Tässchen haben würde.

Kaffeebars sind Orte der Anteilnahme. Antonio, der Barmann aus der Via dei Coronari in Rom, schneidet aus seinen leeren Milchtüten den roten Sammelpunkt aus – für eine alte Dame aus der Nachbarschaft; bei dreitausend Punkten gibt's ein Kaffeeservice. Antonio ist *persona di fiducia*, ein Vertrauensmann im Viertel. Man gibt bei ihm die Hausschlüssel ab, damit der Freund sie dort abholen kann. Und die Antiquitätenhändler aus der Nachbarschaft wenden sich an ihn, wenn sie einen Transporteur brauchen. Antonio vermittelt.

Antonio kennt die privaten Verhältnisse der Stammkunden, und diese kennen seine. Italienische Kaffeebars sind fast immer Familienbetriebe, deshalb sieht man hinter der Theke so viele Leute. Antonio hat seine Schwester Celestina und öfters auch die Mutter Vincenza zur Seite; Bruder Oreste, ein Bankangestellter, hilft morgens und abends von sechs bis acht Uhr mit.

Für jeden Gast haben Antonio und Celestina ein freundliches Wort, sie stiften Kontakte zwischen Menschen, die alleine am Tresen stehen. »Man muss immer fröhlich sein«, sagt der Barmann. Menschen aller Klassen und Eigenarten kommen herein, Männer wie Frauen, Arbeiter im verschmierten Overall und adlige Damen im Kostüm. Sie erzählen einander Geschichten oder räsonieren über die Launen der Menschen und der Welt, sie reden vom Fernsehen, von Fußballstars und Lottozahlen. Politische Diskussionen biegt Antonio ab, er will keinen Streit.

Die Kaffeebar ist kein Ort der Erregung, sondern der Erholung, von morgens früh bis in die Nacht. Man isst dort zum Frühstück hastig ein Hörnchen und schlürft einen *cappuccino,* der durch die aufgeschäumte Milch braun ist wie eine Kapuzinerkutte und deshalb auch nach dem Kapuziner benannt ist. (Wer nach elf Uhr noch immer *cappuccino* begehrt, entlarvt sich damit als Nichtitaliener.) Zu Mittag verspeist der eilige Gast ein belegtes Brötchen, eine Weißbrotschnitte oder ein Stück Kuchen. Will man sich mit jemand verabreden, nennt man eine Kaffeebar als Treffpunkt. Abends nach dem Kino oder dem Essen im Restaurant sucht mancher nochmals den Tresen auf, und zu jeder beliebigen Tageszeit schaut man zwischendurch auf ein paar Minuten herein, zu jeder beliebigen Gelegenheit. Als im Oktober 1998 Ministerpräsident Romano Prodi zurückgetreten war und beim Staatspräsidenten sowie im Parlament die Formalitäten erledigt hatte, ging er mit seiner Frau in Rom in eine Bar und trank einen frisch gepressten Orangensaft.

Kaffeebars sind ein Gehäuse italienischer Lebensart und deshalb unersetzlich, man braucht bloß die Freunde zu fragen. Der Espresso in der Arbeitspause am Vormittag, »das ist der beste Augenblick des Tages«, sagt Franco. »Die Italiener leiden in Deutschland, wenn sie sich nicht zu einem schnellen Kaffee an den Tresen stellen können«, sagt Giusi. Und Costantino, der Heimatkundige, erinnert sich an die *grottini* in Rom, die Bars der Armen, in denen Wermut ausgeschenkt wurde, und an den *sifone,* den Schlauch, mit dem vor Zeiten aus der Gasflasche die Kohlensäure ins Mineralwasser geblasen wurde.

Die Zeiten haben sich geändert und mit ihnen die Bars, aber man findet sie noch immer überall.

Es gibt sie in Schulen und Kasernen, in Krankenhäusern und im Parlament, im Bahnhof, bei Gericht, bei jedem Markt, in jeder Straße fast. Man kommt vorbei und riecht den intensiven Duft, man sieht das Wasser aus dem Hahn ins Becken rinnen, man hört das Fauchen der Espressomaschine und das Klappern des Geschirrs, und man hört zwei harte Schläge auf Gummi oder Holz – Italien.

Klaus Brill

Ein Volk von Wurstmachern

Warum die italienischen Wurstläden »norcineria« heißen

Haben Sie sich schon einmal gefragt, warum italienische Wurstläden *norcineria* heißen? Zumal das italienische Wort für Wurst *salsiccia* lautet. Und können Sie sich Klosterschwestern beim Wurstverkaufen vorstellen?

Spurensuche im umbrischen Norcia: Ausgestopfte Wildschweinköpfe grüßen von Hauswänden, darunter baumeln dicke Schweinswürste wie Lianen, zartrosa, dunkelrot, mit schmaler Taille, flaschendick, daneben hängen Schinkenkeulen, furchterregend groß. Hinter den Theken hantieren Metzger mit Riesenmessern und Unterarmen teilweise so umfangreich wie eine ausgewachsene *salami*. Willkommen im Reich der Wurstmacher. (Vegetarier sollten um Norcia besser einen großen Bogen machen ...)

Die Verarbeitung von Schweinefleisch hat hier eine lange Tradition, geht zurück auf das Mittelalter. Um Norcia herum gab es ausgesprochen weite Wälder, viele Eichen und *piani*, Hochebenen. Die umbrischen Bauern nutzten diese *piani* zur Schweinezucht – im bäuerlichen Umbrien gilt bis heute das Schwein als das Fleisch schlechthin –, die Eicheln zur Schweinemast. In den langen, einsamen Wintern beschäftigten sie sich intensiv mit Aufzucht, Anatomie und Schlachtung der Tiere, spezialisierten sich auf bestimmte Heilmethoden. Sogar eine in ganz Europa berühmte Chirurgenschule gab es, zum Studium der Anatomie der Tiere mit der rosa Schnauze. Bald machte den Metzgern aus Norcia beim Pökeln und Trocknen von Schlachterzeugnissen und Würsten von gehacktem Fleisch niemand mehr etwas vor. Ihr Spezialrezept – Vegetarier bitte weglesen: Sie ließen die Schweine vor der Weiterverarbeitung komplett ausbluten und abkühlen. Eine ihrer besonderen Spezialitäten: *mazzafegato,* Schweineleber, Pinienkerne, Rosinen, Orangenschale und Zucker. Die umbrischen *norcini* waren geboren. Der Stadtpatron höchstpersönlich gab seinen Segen dazu: Den gesunden Geist im gesunden Körper empfahl der heilige Benedikt mit großen Gläsern Wein und nahrhaften Würsten zu stärken – und so kommt es, dass man in Norcia im Kloster Monastero della Pace bei den Benediktinerinnen bis heute nicht nur Kräuterlikör und Heiligenbilder, sondern auch Würste kaufen kann.

Aber wie verbreitete sich nun die Wurstfama von den nebelschwangeren Hochebenen in Norcia über ganz Italien? In den Zeiten vor Fernsehen und Internet? Die *norcini,* die Schweinemetzger, machten sich in den – wie gesagt ausgesprochen einsamen – Wintermonaten, wenn die Gegend eingeschneit war, mit ihren Würsten auf den Weg, tourten durch Latium, durch die Toskana. Zuerst zu Fuß. Dann mit der Postkutsche – 1855 wurde eine Straße gebaut, die Norcia mit Spoleto verband. Den Römern schmeckten die umbrischen Würste so gut, dass sie die umbrischen Metzger zu einem eigenen Berufsstand erhoben. Und sogar eine eigene Kirche bekamen die Wurstmacher von Norcia im 17. Jahrhundert in der Hauptstadt: die Chiesa della Nazione Norcina in der Via di Torre Argentina; in der Via Colonna lag das dazugehörige Spital. Nach dem Zweiten Weltkrieg beendeten die umbrischen Wurstmacher ihre Tourneen, verließen ihre abgeschiedenen Heimatstädtchen, um anderswo ihr Glück und Geld zu machen. Sie ließen sich mit ihren Familien vor Ort nieder und gründeten dort *norcinerie*. Aber auch in Norcia boomte das Wurstgeschäft. Vor allem italienische Gourmettouristen zog es in den letzten Jahren zum Gastroshopping in das Städtchen, Feinkostgeschäfte sprossen wie Pilze aus dem Boden. Jeder wollte die leckeren Schweinereien aus Norcia: *capolcolli, culatelli, lonze, salame, salsicce, mazzafegati*.

Allerdings hat inzwischen wohl einige umbrische Metzger die Unlust gepackt – ist ja auch verständlich, denn die Winter sind nicht mehr so kalt, es gibt Zentralheizung, und nicht mehr so einsam, es gibt Ratesendungen, Talkshows und Endlos-Serien –, denn nicht in jeder Metzgerei in Norcia werden ausschließlich Produkte aus Norcia verkauft. Da kommt der Schinken schon mal aus San Daniele, die *salami* aus der Toskana und der Käse aus Parma.

Der Trend geht heute außerdem weg vom Schwein, hin zum Hirschen. Wer auf sich hält in Norcia, der sattelt um; denn natürlich schläft auch die Konkurrenz, in diesem Fall die anderen italienischen Schweinemetzger, nicht und lernt dazu. So haben viele Metzger aus Norcia ihr Angebot inzwischen ausgebaut und beschäftigen sich intensiv mit Wild. Wildschweine, Hirsche, Mufflons werden angesiedelt, in freier Wildbahn unter strenger Kontrolle aufgezogen. Daraus entstehen dann Spezialitäten wie Damhirschschinken, Damhirschwurst, Damhirschfilet. Jedes Jahr im September wird die *Sagra del daino,* das Damhirschfest gefeiert, mit einer Damhirschverkaufsausstellung und einer Damhirschfleischverkostung.

Aber Norcia denkt auch an die Vegetarier: Italienweit berühmt sind die kleinen grünen *lenticchie di Castelluccio*. Castelluccio ist das höchst gelegene Dorf Umbriens, am nördlichsten Punkt des Piano Grande, thront in einer Höhe von vierzehnhundert Metern, zehn Autominuten von Norcia entfernt. Hier oben werden die hocharomatischen, federleichten und sehr eisenhaltigen Linsen angebaut, ohne chemische Düngung, denn diese Linsenart hat keine Schädlinge. Ausgesät wird nach der Schneeschmelze, und dann brauchen die Pflänzchen nur noch schönes Wetter. Im Juni blühen die Linsenblüten in einem unglaublichen Violett – Castelluccio feiert ihnen zu Ehren das *Fiorita*-Fest –, Ende Juli werden dann die Pflanzen ausgerissen und zum Trocknen auf den Feldern ausgebreitet. Linse für Linse wird mit der Hand geerntet, ungefähr tausend Doppelzentner. Die guten ins Töpfchen … Die *lenticchie di Castelluccio* sind so zart, dass sie vor dem Kochen nicht eingeweicht werden müssen, verlieren nie ihre Schale, zerkochen nicht und kosten in Italiens Feinkostläden dreimal so viel wie gewöhnliche Hülsenfrüchte. Wenn es Linsenläden gäbe, sie würden *castellucceria* heißen.

Natalie John

Vucciria

Knöcheltief durch Saubohnenmatsch

In dem kleinen Viertel zwischen dem Cassaro, der Via Maqueda, der Via Cavour und dem Meer drängen sich Montag bis Samstag Stände und Verkaufskarren – der Markt Vucciria ist die lebendigste und anregendste Sehenswürdigkeit Siziliens. Hier schlägt das Herz Palermos, stark und schnell. Von der Piazza San Domenico taucht man über eine Treppe direkt ins Marktgetümmel. Der zentrale Platz ist in den Händen der Fischhändler. Krabben, Austern, Miesmuscheln, Meerestiere, deren Namen man nicht einmal kennt, gefleckte Muränen, zuckende Krebse, alles, was den Fischgourmet begeistert und Touristen verschreckt. Kunstvoll aufgeschichtete Pyramiden zuckender, schwarzblau glänzender Seeigel, deren Stachelhaus ein Messer öffnen wird, um das glitschige weiß-orangefarbene Innere herauszuholen, das dann mit Zitrone beträufelt roh gegessen wird. Kleine Schnecken, die man sackweise kaufen kann, um daraus Brühe zuzubereiten. Sardinen, auf dem Kohlefeuer geröstet, um mit Stumpf und Stiel aufgegessen zu werden, oder für die *pasta con le sarde*, um mit Rosinen, Pinienkernen, wildem Fenchel und Safran zusammen als grünlichgelbe Sauce über Nudeln gegossen zu werden.

Rote Sonnensegel schützen halbe Schwertfische, die nach und nach klein gemacht werden, bis nur noch der glubschig blickende Kopf übrig bleibt, der dann später irgendwo in einer Brühe landet. Tintenfische, Sardinen, Rotbarsch und Krabben werden eingepackt, um eine *frittura del golfo* zu machen. Die kleinen Tintenfische werden als *seppie ripiene* mit Panade, *pecorino*, Ei und Petersilie gefüllt, dann leicht gegrillt. Am Brunnen ein Händler für lebende Muscheln, an einem Stand wird frischer *polpo*, Krake, gekocht und den Passanten als Imbiss mit Zitrone serviert.

Dazwischen zusammengezimmerte Bretterbuden mit ein paar Tischen und Stühlen, wo man eine Scheibe Schwertfisch am Spieß mit einer höllisch heißen Tomatensauce, gemischt mit Knoblauch und frischen Kräutern, essen kann oder eine Handvoll knuspriger Sardinen in braunes Packpapier eingeschlagen bekommt.

In der nächsten Ecke Sardinenverkäufer, die ihre Fischchen putzen und vorbereiten für die *sarde a beccaficu*, herrlich schmeckende Sardinenröllchen, gefüllt mit wildem Fenchelgrün, Rosinen, Pinienkernen und Brotkrumen. Neben einer Kirche ein Fischstand mit Thunfisch aus Favignana. Hier in Palermo kommen noch viele der Schwert- und Thunfische auf den Markt, wenn auch das Gros an Einkäufer aus Japan geht. Von einem Fischstand tropft das Eiswasser auf die großen Pflaster, die *balate* der Vucciria. Ein palermitanisches Sprichwort sagt, dass die *balate* nie trocken werden, weil das Wasser der Fischstände immer darauftropft.

Das Reich der Obst- und Gemüsehändler beginnt dort, wo man knöcheltief durch Matsch wandert, durch Gemüseabfälle, die ab und zu mit einem Schwall Wasser zur Seite gespült werden. Überquellende Obst- und Gemüsestände, Orangen, duftende Zitronen, Kräuterbündel, verschlungene Knoblauchzöpfe, dicke Melonen, Trauben, Pfirsiche,

Äpfel, Feigen, Datteln. Nebenan Zibbibo-Trauben, aus denen im getrockneten Zustand der herrliche Süßwein Zibbibo di Pantelleria gemacht wird, dazu Dutzende Sorten anderer Sultaninen und Rosinen, Pistazien und Pinienkerne. Alles für die sizilianische Küche, die hier ihre arabischen Einflüsse offenbart. Salate, Gemüse, getrocknete Bohnenkerne, Linsen, Kichererbsen, Saubohnen, frische Nudeln, reines, kalt gepresstes Olivenöl. Man muss sich von der Marktfrau einen gemischten grünen Salat zusammenstellen lassen, der aus dunkel-, mittel- und hellgrünen Blättchen besteht und mit wild wachsenden Kräutern ergänzt wird. Knallrote Tomaten, die, auf Tüchern ausgebreitet und der Sonne preisgegeben, in nur kurzer Zeit zu flachen braunen Scheiben zusammenschrumpfen, neben grünen Gurken, grellbunten Plastikeimern mit schwimmenden Artischockenherzen und schwarzen, taubeneigroßen Oliven. Schwarzlila Auberginen, Kapern, Kürbisse, Tomaten, Oliven, die zu einer *caponata,* einem klebrigen Brei, zusammengekocht werden. Viele der Marktleute nutzen jede freie Minute dazu, Erbsen und Bohnen zu enthülsen, Gemüse zu putzen oder die weißen, knackigen Stiele der *puntarelle* (Chicorée) so zu schneiden, dass sie sich im kalten Wasser ringeln. Oder Wassermelonen aufzuschneiden, dass aus dem fleischigen inneren Rot schwarze Kerne hervorquellen.

Mittendrin der bunte Stand Antonio Giannusas mit Heiligenbildern und Altar, Oliven und getrockneten Tomaten und einer einzigartigen Sauce aus ebendiesen, wildem Fenchel, Rosinen, Pinienkernen und Olivenöl. »Geheimrezept!« Antonio rotiert hinter seiner Theke, kullert mit den Augen, scherzt mit den Frauen, packt in gönnerhafter Großzügigkeit ein paar

Gramm mehr von allem auf die Waage. »Die besten Oliven zwischen Paris und Palermo«, der Nächste bitte. Er eilt zu einem hölzernen Fass, taucht eine Kelle hinein, eilt tänzelnd zurück und hält sie seiner Kundin unter die Nase. Die nickt zufrieden. Antonio ist der ungekrönte König der Vucciria. Seit die *New York Times* dem Olivenhändler und seinem kunterbunten Stand in Palermo eine Coverstory widmete und ihn zum berühmtesten *olivaro* der Welt machte, ist der kernige Sizilianer mit dem verschmitzten Grinsen auch in Palermo eine Berühmtheit.

Abteilung Fleisch. Nichts für zart besaitete Gemüter. Halbe Lämmer baumeln in bunt gekachelten Ladengewölben, Rinderteile, dicke Schinken, Hühner in allen Formen, lebendig, gerupft, in Käfigen. Zicklein, schon erlegt, teils noch mit Fell, die am besten über den Rost gebraten mit frischen Kräutern oder *in umido*, gesotten, mit Gemüse der Saison, schmecken. Gegenüber ein Röster, auf dessen Holzkohlengrill Lammkoteletts, Schweinebauch und *coratelle* (sizilianisch auch *stigliola*), Innereien vom Lamm, vor sich hin brutzeln. Daneben ein *Arancini*-Stand, hier gibt es Bällchen aus safrangelbem Reis, außen goldgelb wie eine Orange gebräunt in siedendem Fett mit einer Füllung aus gedünstetem Gemüse und Käse, Fleisch- oder Fischragout.

In der nächsten Gasse ein Stand mit *involtini*, Fleischröllchen, einem typisch sizilianischen Gericht der armen Leute, für die es das Wichtigste war, die Speisen haltbar zuzubereiten, um sie über längere Wege transportieren zu können.

Selbstverständlich hat auch der Käse seinen eigenen Auftritt. In allen Gelbtönen und den merkwürdigsten Formen hängen die Laibe am Stand. Von der ganzen Käsepalette des Stiefels bis zu Spezialitäten wie dem *pecorino con la lacrima*, dem weinenden Schafskäse. Ein gut abgelegenes Käsestück, das über die Nudeln gerieben wird und den *parmigiano* vergessen lässt. *Cacciocavallo* ist ein birnenförmiger, etwas säuerlich schmeckender Kuhkäse. *Ragusano*, ebenfalls ein Käse aus Kuhmilch, gibt es pikant gewürzt in den verschiedensten Formen. *Ricotta* gibt's ebenfalls in vielfältigen Varianten. *Affumicata*, geräucherter Käse aus Schafsmilch, als *ricotta forte* und *ricotta salata*, abgelagert und gesalzen.

In den Seitengassen kleine Lädchen, Metzger, Bäcker, Tante-Emma-Läden, die vom Schnürsenkel bis zum Kaugummi alles verkaufen. Davor breiten Verkäufer Zigaretten aus.

Ein Geräuschgewirr wie auf einem orientalischen Basar, es wird gefeilscht, gestritten, beraten, geflucht, gelacht. Und über allem wacht die Muttergottes, die in jedem Marktstand ein Plätzchen hat, neben winzigen farbigen Lämpchen mit Plastikblumen.

Wer keine Lust hat, sich knöcheltief ins Gewühl zu begeben, setzt sich auf die kleine Terrasse über dem Markt in der Trattoria Shanghai. Dort kann man die – trotz des Namens nicht chinesische, sondern typisch palermitanische! – Küche kosten und auf das Mittagstreiben der Vucciria herabschauen. Oder aber man schaut sich einfach das berühmte Bild an, das Renato Guttuso 1974 von der Vucciria gemalt hat.

Natalie John

Pastorale Gefühle

Ein Tag auf dem Land

Natürlich mussten wir zuerst noch bei einer *pasticceria,* einer Konditorei, vorbei. Denn ohne *dolci,* kleine süße Teilchen, zum Kaffee als Gastgeschenk taucht man bei seinen Gastgebern nicht auf, wenn man zum Mittagessen eingeladen ist. Wir entschieden uns, nicht ganz uneigennützig, für ein paar Hundert Gramm von diesen knochentrockenen mattsüßen Keksstücken, *cantucci, cantuccini alla mandorla* oder *biscotti di Prato* genannt, in denen Mandeln stecken und die man zur Abrundung eines guten Essens in ein Gläschen *Vin Santo,* den toskanischen Dessertwein, taucht. Dort saugen sie sich voll, werden mürbe und ihr zartes Anis- und Mandelaroma verbindet sich auf eine Weise mit der Likörblume, dass, wenn beides von guter Qualität ist, sogar an italienischen Tischen für einige Zeit andachtsvolles Schweigen herrscht.

Florenz war kalt und grau. Wie jedes Mal, wenn ich die Stadt verließ, wunderte ich mich auch jetzt wieder, wie rasch man aus dem städtischen Umfeld herausgefahren ist und sich in ländlicher Umgebung wiederfindet. Wir fuhren Richtung Arezzo, wo Roberto eine Freundin und mich zu seinen Eltern aufs Land, in die *campagna,* eingeladen hatte. Er war ein bescheidener junger Mann, der aus seiner ländlichen Herkunft keinen Hehl machte. Gegen Mittag hatte er uns mit seinem Wagen abgeholt. Kaum waren wir ein wenig hügelan gefahren, als sich der Nebel auch schon lichtete und die Sonne, erst silbrig verschleiert, dann blitzend klar auf blauem Himmel erstrahlte und sich alle Mühe gab, diesen Wintertag anzuwärmen.

Roberto befand sich in einer schwierigen Lebensphase. Er stand am Abschluss seines Rechtswissenschaftenstudiums, hatte jedoch wenig Lust auf das durchgestylte, städtische Leben, das ihm bevorstand, wenn er sich als einer der tausend Advokaten, die es in Florenz gab, niederlassen würde. Er hatte nun vor, in den landwirtschaftlichen Betrieb seiner Eltern einzusteigen, die Weinberge, die Oliven, das Landhaus zu übernehmen. Roberto war der einzige Sohn, seine Eltern wurden zusehends älter, aber aufgeben wollten sie nicht. Allzu viele Gehöfte in ihrer Nachbarschaft waren an Ausländer, meist Engländer, Schweizer oder Deutsche, verkauft worden, und das war das Letzte, was diese stolzen Leute wollten. Ob aber außer den beiden Alten auch Roberto und womöglich noch eine junge Familie von den Erträgen des Anwesens würden leben können, das war nicht abzusehen. Und ob seine Florentiner Freundin sich überhaupt eine Zukunft auf dem Land vorstellen könnte, das war alles andere als abgemacht.

Das Haus von Robertos Familie lag inmitten der familieneigenen Weinberge in einem hübschen vergammelten Garten mit alten Terrakottavasen und einem wundersamen Kaki-Baum, der auf völlig kahlen Ästen seine orangeroten, fad-süßlichen Früchte wie Weihnachtskugeln präsentierte.

Roberto führte uns in die Küche, wo *la mamma,* schön und kräftig, die *minestrone* bereitete. Ich wurde ohne Umstände angenommen, einbezogen, alles freundlich, selbstverständlich und ohne besonderen Aufhebens.

Die Küche war der einzige warme Raum im ganzen Haus, das immerhin sechzehn Zimmer hatte, weil hier der Kamin brannte. Ein netter falber Jagdhund mit Schlappohren und struppigem Haar wedelte umher, zwei Katzen, silbergrau und schwarz, schmusten und schnurrten mit zugekniffenen Augen in einem Körbchen am Kamin. Ich setzte mich zu ihnen, um mir den Rücken zu wärmen. Dann bekamen wir Kaffee und Röstbrote mit Honig aus eigener Herstellung, in dem noch kleine Wachsstücke schwammen. Robertos Vater war draußen auf der Jagd, hatte aber schon früh am Morgen fürs Mittagsmahl einen Hasen präpariert, gefüllt und zugenäht, sodass er nun nur noch mithilfe einer Hühnerfeder mit Olivenöl bepinselt und in den Backofen geschoben werden musste. Dazu sollte es Kartoffeln geben, die wir gemeinsam schälten und längs viertelten. Sie kamen zusammen mit einigen Rosmarinzweigen in den Ofen, ein Stockwerk unter dem Hasen auf ein eingeöltes Blech, und würden dann automatisch zur selben Zeit gar sein wie das Fleisch.

Wir gingen solange ins Freie, denn es war ja eine *giornata splendida,* ein strahlender Tag. *Davvero!* Herrliches Land! Sanft hügelig, von vielen Eichen bestanden, die hier kleine feste Blätter haben, jetzt bräunlichgelb verfärbt, und dazwischen stehen die knorrigen, silbergrünen Olivenbäume. Das beste Öl Italiens wird hier gewonnen! Roberto erklärte uns, dass das Öl dort am schmackhaftesten ist, wo es auch mal kalt wird und der Ölbaum nicht ständig von der meridionalen Sonne verwöhnt wird. Die Pflanzensäfte müssten sich hier mehr anstrengen, und das bringe kräftigere Geschmacksstoffe hervor. Außerdem sorgen sich die Kleinbauern um jeden einzelnen Baum und der Ertrag ist zu gering, um die Ernte industriell zu verarbeiten. Bald beginnt die Zeit des Olivenstreifens! Die Männer sitzen dann in den Bäumen, streifen die schwarz glänzenden, prallen Früchte von den Ästen und werfen sie in das unterm Baum ausgelegte Tuch. Die Ernte bringen sie unverzüglich zum *frantoiano,* zum Ölmüller in die Ölmühle, die auf Italienisch *frantoio* heißt. Und in ein paar Wochen ist das neue Öl fertig gepresst und abgefüllt. Teuer ist es, da ohne Maschinen alles länger dauert, schwieriger zu bewerkstelligen ist und die Gesamtmenge so klein ist. Deshalb hat dieses Öl auf dem europäischen Markt keine Chance. Es bleibt hier sozusagen in der Familie, wird bei den örtlichen Ölfesten angeboten, bei denen es Ölproben gibt wie anderswo Weinproben, und wird an ein paar nahe gelegene *trattorie* verkauft.

Es sei denn, man schafft gleich den großen Sprung und wird Hoflieferant der englischen Krone! Prinz Charles nämlich, der bei seiner ersten Italienreise von der toskanischen Küche so begeistert war, dass er einen seiner Hofköche zur Fortbildung hierher geschickt hat, kam danach noch öfter, allerdings ohne Diana, nach Florenz, hat sich zu einem Olivenölkenner und -liebhaber entwickelt und lässt sich inzwischen regelmäßig mit den kostbarsten Ölen beliefern. Und welcher Gourmet täte es ihm nicht gleich, wenn er könnte!

Das Mittagessen wartete auf uns. Auf dem Küchentisch waren rot gemusterte Stoffsets gedeckt und darauf das schwere Steingutservice. Man kennt die Art: weißer Grund und über und über unregelmäßig mit grünen Glasurspritzern gefleckt. So stand ein frischer Farbklang aus Grün, Weiß und Rot auf dem Tisch, eine kleine Reverenz an die italienische Flagge.

Jetzt im Winter gab es als *primo*, als Vorspeise, natürlich die toskanische *ribollita!* Man legt den Terrinenboden mit altbackenen Weißbrotscheiben aus. Darauf wird Gemüsesuppe geschöpft. Dann wieder eine Lage Brot, wiederum Suppe drüber und noch einmal, so lange, bis die Schüssel gefüllt ist, zuoberst die Suppe. Das Brot saugt sich voll, man sticht sich den Brei ab und löffelt ihn, nachdem man etwas Olivenöl darübergegossen hat.

Im Winter wird dieses bäuerliche Gericht auch in Florenz in jeder *trattoria* angeboten. Das Brot ist dann zwar schon untergemengt, und das Ganze sieht nicht sehr appetitlich aus, ein graugrüner Brei, schmeckt aber vorzüglich. Fragen Sie, wenn man es Ihnen nicht sowieso stolz vor die Nase setzt, unbedingt nach dem neuen Öl, *l'olio nuovo*, das in den Gaststätten ab Januar in Extraflaschen bereitsteht. Ein guter Schuss Olivenöl *extra vergine* aus neuester Pressung gehört unbedingt über die *ribollita.* Am besten schmeckt das Öl übrigens, wenn es so jung ist, dass sich seine Schwebstoffe noch nicht gesetzt haben. Es sieht dann kräftig grün und trüb aus. Und wenn Sie neben dem herb-fruchtigen Artischockenaroma auch noch ein Kratzen im Hals bemerken, so ist das völlig in Ordnung und erhöht den Genuss. Ein guter Grund, im Januar nach Florenz zu reisen!

Das Kaninchen, das Robertos Mutter nun aus dem Ofen zog, *il coniglio ripieno,* war mit Schinken, Speck und Leber, mit Eiern, Fenchel und Kräutern gefüllt. Dazu tranken wir einen Rotwein des Hauses, der auf dem nächsten Hügel gewachsen war. Das alles unter Geplauder, Rezeptaustausch, allgemeinen Überlegungen zur Kochkunst. Dann gab es unsere *biscotti di Prato* in einem zwanzigprozentigen

Vin Santo, den Roberto produziert hatte, und hinterher natürlich *caffè*.

Wir räumten das Geschirr in die Spülmaschine, *la mamma* zog sich zur Mittagsruhe in eines der sechzehn kalten Zimmer zurück und der Hund wedelte erwartungsvoll. Wie ein Fohlen galoppierte er in großen Sprüngen um uns herum, als wir ins Freie traten, sein Fell glänzte in der Sonne und in der Weite sah die Landschaft wie von einem Spinnennetz überzogen aus.

Wir spazierten durch die Weinberge, die der Familie gehören, schauten den zukünftigen Hühnerstall an, den Roberto gebaut hatte, und gingen ins Kelterhaus. Dort gluckerte, von einem Heizstrahler auf Temperatur gehalten, der Wein vor sich hin. Und weiter hinten, auf mehrere Räume verteilt, lagen Trauben, klein, rot und schwarz, auf Tischen ausgebreitet oder an Haken von der Decke herabgehängt, um noch weiter zu trocknen und dann zu *Vin Santo* verarbeitet zu werden. Die Fenster werden morgens geöffnet, damit die Trauben schön viel Luft bekommen, und abends wieder geschlossen, damit sie nicht frieren.

Was für ein Bild! Durchs offene Fenster der Blick auf die besonnte bräunliche Landschaft, während innen, im Dunkel von der tief stehenden Sonne angestrahlt, die zum Teil schon etwas verschrumpelten Trauben sanft erglühten.

Vor dem Haus hingen an einem Haken knallrote Zwergtomaten von der Decke, für die *pappa al pomodoro*, auch eine dicke Wintersuppe, eine Variante der *ribollita*, die aus Brot mit Tomaten gekocht wird.

Dann ging es wieder *a casa*, wo wir uns am Kamin aufwärmten.

Es polterte vor der Tür, *il babbo* kehrte von der

Jagd heim. Er trat ins Haus wie aus einer anderen Welt. Aus der Männerwelt der Abenteurer, der nomadisierenden Jäger und Sammler. Nicht groß war er, aber stattlich und kräftig, in Stiefeln und Pullover, Jägerjacke, Fellmütze, ein Gesicht mit Bart, großer Nase, Schlitzaugen. *Un bell' uomo,* ein Mannsbild, das sich nach überstandener Gefahr wieder auf den warmen Herd und die weiche Welt der Weiblichkeit freute.

Die Sau hätten sie nicht gekriegt, erzählte er, denn ein Eber habe die Hunde angegriffen. Keine Jagdbeute heute.

Er streckte seiner Frau die geschlossene Faust hin und lächelte sie verliebt an: »*Apri la mano!*«, »Mach deine Hand auf!«, befahl er. Dann ließ er ein paar glänzend braune Edelkastanien, die er für sie im Wald gesammelt hatte, in ihren Handteller gleiten. Sonst nichts. La Signora schloss ihre Finger fest um den Schatz und blickte ihren alten Kavalier so selig an, als hätte er ihr gerade einen Diamantring zur Verlobung geschenkt.

Und genau so hatte er das wohl auch gemeint.

Susanne Friedmann

Aufstand gegen den Big Mac

Aus dem Piemont kommt eine Weltbewegung, die sich dem guten Essen verschrieben hat

Manchen Menschen gibt das Schicksal ihre spätere Berufung schon in früher Jugend ein, und Carlo Petrini ist einer von ihnen. Er wurde geboren in dem Städtchen Bra bei Turin, in einer Gegend, die sich Langa nennt und die weit über die Region Piemont hinaus bekannt ist für ihre erstklassigen Rotweine der Marken Barolo und Barbaresco, für die Trüffeln aus Alba und für gute Nüsse. »Ich erinnere mich, dass mein Großvater den Finger in den Wein tauchte und ihn mir an die Lippen hielt, damit ich davon kosten konnte«, erzählt Petrini grinsend und er macht dabei keineswegs den Eindruck, als schiene ihm des Großvaters Verhalten im Nachhinein womöglich tadelnswert.

Der Hinweis soll ja nur erklären, wieso ein Knabe aus Bra, der später einen revolutionären Piratensender gründet, der Musikfestivals organisiert und ein linker Agitator wird, in reiferen Jahren zum Gourmet konvertiert. »Ich habe kapiert, dass man mehr Schaden anrichtet, indem man für andere leidet, als indem man für sich selbst genießt«, sagt der bärtige, beleibte Bonvivant. Und ist heute in der Lage, als Initiator und Präsident einer internationalen Bewegung für gutes und vernünftiges Essen gewaltige Menschenmassen zu einer einzigartigen Messe des kulinarischen Genusses nach Turin zu locken.

Die Bewegung firmiert unter dem blassen englischen Namen Slow Food, obwohl sie durch und durch italienischen Ursprungs ist und die besten Traditionen dieser gastronomischen Großmacht pflegt. Ursprünglich, 1983, nannte sich der Verband, den Carlo Petrini und eine Reihe von Freunden als Untergliederung der großen linken Freizeitorganisation Arci gründeten, ja auch Arcigola, und als solcher zählt er heute in Italien zweihundertfünfundneunzig Ortsgruppen und über fünfundzwanzigtausend Mitglieder. Politischer Progressismus und Feinschmeckertum lassen sich gerade in Italien eben zwanglos miteinander verbinden, der linke Hedonist Petrini tat es seit 1977 als Gastronomiekritiker der kommunistischen Tageszeitung *Il Manifesto*, des Wochenblatts *L'Espresso* und anderer Gazetten.

Es ist dann 1986 etwas passiert, was die Kulturnation Italien als historische Zäsur empfand: die US-Fast-Food-Kette McDonald's eröffnete an der Piazza di Spagna in Rom ein Schnellrestaurant. Dagegen erhob sich öffentlicher Protest, auch Petrini und Konsorten waren dabei, und sie beschlossen, dem Fast Food mit Slow Food zu begegnen, dem hektischen Verzehr weltweit genormter Hackfleischbrötchen die Besinnung auf die Tradition entgegenzusetzen.

1989 kamen in der Komischen Oper zu Paris rund fünfhundert Gleichgesinnte aus etwa zwanzig Ländern zu einem großen Mahl zusammen und verabschiedeten ein Manifest, in dem das schnelle Essen als Ausdruck eines allzu hektischen Lebens aufgefasst wurde. Slow Food, das langsame, bewusste Essen, soll hingegen den guten Geschmack und die »wahre Kultur« wiederbeleben. Langsamkeit wird zum Merkmal der Lebensqualität, auch bei der Herstellung von Nahrungsmitteln. Und gegen den globalen Einheitsfraß setzt Slow Food die Rückbesinnung auf die Reichtümer jeder einzelnen Region. Die Schnecke wurde die Symbolgestalt der Bewegung, und natürlich trägt auch Carlo Petrini sie als Anstecker am Revers.

»Zurück zur Heimat« lautet die Parole gegen den Big Mac, und wie dies konkret gemeint ist, war Anfang November 1998 beim Salone del gusto in Turin zu erleben, einer gigantischen Messe, bei der aus fünfzigtausend Flaschen zweitausendfünfhundert verschiedene Sorten Wein verkostet wurden und häppchenweise zehn Tonnen Schinken, Wurst und Käse über die Theken gingen. Rund hundertzwanzigtausend Menschen kamen aus ganz Italien und aus anderen Ländern, unter ihnen viele Gastronomen, Bauern, Restaurateure und Lebensmittelhändler. Rund zweiunddreißigtausend von ihnen hatten sich schon Wochen zuvor zu insgesamt dreihundertelf verschiedenen »Werkstätten des Geschmacks« angemeldet und erlebten nun, wie Slow Food den angenehmen Seiten des Lebens auf den Grund geht.

Man saß dann beispielsweise an langen weißen Tischen vor acht im Halbkreis aufgestellten Gläsern und süffelte acht verschiedene Jahrgänge des piemontesischen Barolo, dieweil die Winzer die Beschaffenheit ihrer Böden und die Sonneneinstrahlung der betreffenden Jahre erläuterten. Oder man kostete sechs verschiedene Sorten von *pecorino* und hörte dazu Erzählungen von den Mühen und Raffinessen der italienischen Schafskäseproduktion. Denn was man nicht weiß, das schmeckt man nicht.

Und wer weiß schon, dass für den *pecorino* von den sibyllinischen Bergen als Gerinnungsmittel ein Lab aus dem Magen des Lammes dient, das mit Majoran, Serpillo-Thymian, Brombeerschösslingen, Gewürznelken, Muskatnuss, Pfeffer, einem Tropfen Öl und Eigelb vermischt wird? Wem ist geläufig, dass die Schafshirten von Novara di Sicilia am Karneval die Formen, in denen der *maiorchino* reift, auf der Hauptstraße um die Wette rollen? Und wer hat je von der Kooperative der Nudelmacher von Gragnano bei Neapel gehört, deren altneapolitanische Kreationen höchst fantasievolle Namen tragen: Schnecke, Wolfsauge, Kerze, Ohrfeige oder *zita*, was ein junges Mädchen bezeichnet, das vor der Hochzeit steht? Dass die Hersteller solcher Raritäten ihre Abnehmer finden und gegen die Konkurrenz der Großkonzerne überleben können, ist eines der Ziele, die Slow Food sich gesetzt hat. Nicht nur Großveranstaltungen wie der Turiner Genießersalon dienen diesem Zweck, sondern auch die in fünf Sprachen erscheinende Verbandszeitschrift, ferner Wein- und Reiseführer, auch im Internet sind Ezzes zu erhalten unter *www.slowfood.com*. Die Organisation hat unter der Leitung des Journalisten Petrini eine rege Öffentlichkeitsarbeit entfaltet und sich mittlerweile in hundertfünfzig Länder ausgebreitet; über hunderttausend beträgt die Zahl der Mitglieder, die sich vor Ort in einem sogenannten Convivium organisieren, einer Tafelrunde nach altrömischer Art.

Dort trifft man sich zu fröhlichem Schmausen und Plauschen, aber auch zu praktischer Betätigung etwa im Rahmen des Projektes Arche, das die Erhaltung bedrohter Arten zum Ziel hat. In Deutschland etwa kümmert sich eine besondere Kommission um die Vermarktung eines seltenen norddeutschen Apfels namens Finkenwerder Herbstprinz und fördert die Wiederaufzucht des Roten Weinbergpfirsichs auf den Steilterrassen der unteren Mosel. In der

Zwillbrocker Fenn an der deutsch-holländischen Grenze wurde der Bestand an Moorschnucken von fünfunddreißig auf sechshundert vermehrt. Slow Food stellte Verbindungen her zwischen Schäfern, Metzgern und Restaurants und machte die Sache auch den Feinschmeckern bekannt. »Wir wollen Mittler sein«, sagt Lothar Tubbesing, Mitglied im Vorstand von Slow Food Deutschland. Der Inhaber des Lübecker Restaurants Lachswehr hat in Turin ein literarisches Menü aus dem Norden serviert, nach Rezepten aus Thomas Manns Roman »Buddenbrooks«.

Auch der Stuttgarter Starkoch Vincent Klink wirkte mit bei dem Gourmetsalon, desgleichen berühmte Kollegen wie der Katalane Ferran Adrià, der Franzose Michel Trama oder der Italiener Gianfranco Vissani, der seinen Anhängern riet, nach dem Wahren, Echten, Guten in den Rezeptheften von Mama und Großmama zu forschen. Nicht zuletzt bezeugten die Besitzer legendärer französischer Weingüter wie Château d'Yquem und Château Margaux mit ihrer Gegenwart, dass Slow Food jenseits aller Ursprungsabsichten inzwischen als Verfechter gastronomischer Qualität allseits anerkannt ist.

Politischer Implikationen ist die Bewegung indes schon deshalb nicht entkleidet, weil falsches Essen gewaltige Folgen hat: nicht nur für die Esser selbst, die davon krank werden, sondern auch für Bauern, Metzger, Winzer oder Köche, also für den Arbeitsmarkt. Fast Food provoziert zudem Monokulturen auf allen Kontinenten, die damit verbundenen Transporte rund um den Globus schädigen die Atmosphäre und es geht sogar um das Klima, wenn in den Tropen Wälder gerodet werden, damit mehr Weiden für jene Rinder da sind, die zu immer noch mehr Big Macs verhacksteakt werden sollen. Überdies ist die kulturelle Identität bedroht, denn nicht zuletzt bezeichnen ja die Speisen die Eigenarten einer Region oder Nation. Carlo Petrini sagt, nicht einmal die Sprache oder die Geschichte seines Volkes habe mit jedem einzelnen Menschen so viel zu tun wie sein Essen, das ein integraler Teil seines Körpers wird.

Insofern stört es die Epikureer aus dem Piemont durchaus, dass gutes Essen vielfach zum elitären Privileg der Reichen geworden ist. Der Slow-Food-Restaurantführer indes listet nicht die italienischen Spitzenlokale auf, sondern die guten alten *osterie*, jene einfachen Traditionsgaststätten, in die das Volk geht. Und schon seit 1995 gibt es auch sogenannte Tafeln der Brüderlichkeit, etwa in Brasilien und Bosnien, wo notleidende Kinder und Erwachsene mit Unterstützung von Slow Food regelmäßig zu essen bekommen.

Andererseits verkennen Petrini & Co. keineswegs, dass McDonald's & Co. unter anderem deshalb so erfolgreich sind, weil ihr Essen so billig ist. »Wenn die Leute McDonald's mögen, dann sollen sie ruhig hingehen«, sagt der Präsident. Nur nimmt er für sich und seinesgleichen das Recht in Anspruch, sich dem Big Mac zu verweigern, sich auch gegen die Experimente der Biogenetik zu verwahren und überdies die piemontesische Krummdistel, den Schinken von Sauris im Friaul, den Rogen der sardischen Meeräsche oder den emilianischen Biricoccolo, eine natürliche Kreuzung aus Zwetschgen- und Aprikosenbaum, unter Schutz zu stellen. Solche aussterbenden Kostbarkeiten gehören für ihn »zum kulturellen Erbe unseres Landes, genauso wie eine barocke Kirche oder ein mittelalterliches Schloss«.

»Jeder soll leben, wie er will«, sagt Petrini, der Mann aus Bra. In seinem Heimatort hat nicht nur die italienische Organisation Arcigola, sondern auch die Weltbewegung Slow Food ihren Sitz, mitten in der Zone des Wohlbefindens. Und im Stadtteil Polenzo steht ein Palast aus dem vorigen Jahrhundert, in dem die »Akademie des Geschmacks«, eine Art gastronomische Universität, tätig ist.

Slow Food kämpft gegen Fast Food mit Qualitätsförderung, eine aufgeregte Feldschlacht gegen den Big Mac liegt Petrini und Genossen fern. Sie wäre ja auch mit den Grundsätzen des wahren Genießers nicht recht vereinbar. Er tut Gutes und ist politisch aktiv, indem er gut und richtig isst.

Klaus Brill

Schlechte Zeiten für Artischocken

Die zaghafte neue Blüte von Italiens Gemüsemärkten

Armanda konnte nicht mehr weitermachen. »Ich bin doch fast vor Hunger gestorben«, sagt die kleine Person mit dem kurz geschnittenen weißen Haar. Als Marktfrau auf der Piazza San Cosimato, dem pulsierenden Herzen des römischen Stadtteils Trastevere, hat Armanda viele Jahre lang Obst und Gemüse verkauft: Orangen aus Sizilien, Erdbeeren aus Terracina oder die schönen runden Artischocken aus dem römischen Umland, die man mit Stiel und Blättern isst: in Öl gedünstet, mit Pfefferminze, Knoblauch und Zitronensaft gewürzt, sind die *carciofi alla romana* eine besondere römische Spezialität. Seit den fünfziger Jahren stand Armanda hinter ihrem Gemüsestand, reichte braune Papiertüten mit den feldfrischen Köstlichkeiten über die Theke, legte häufig ein Büschel Basilikum als Geschenk des Hauses dazu und hielt ganz nebenbei mit unzähligen römischen Hausfrauen ein Schwätzchen.

Doch mittlerweile kommen kaum noch Hausfrauen auf den Markt. Und »von den paar Äpfeln, die hier die Touristen kaufen, kann man nicht leben«, sagt Armanda. Deshalb hat die Marktfrau, die mittlerweile dreiundsiebzig ist, vor zwei Jahren ihren Verkaufsstand dichtgemacht und die Pension beantragt. Die kleine Marktbude, die in Wahrheit ein Holzkasten auf Rädern ist, steht noch immer auf ihrem alten Platz, freilich ist sie jetzt fest verschlossen. Armanda würdigt das Gestell nur mit einem verächtlichen Seitenblick: »Mit der Rente bekomme ich jetzt viel mehr Geld, als ich zum Schluss verdient habe«, erzählt sie. Und Gemüse verkaufen kann die alte Marktfrau immer noch: Sie hilft jetzt bei den Standnachbarn aus, bei Pietro und Concetta, einem Ehepaar mittleren Alters, mit dem Armanda seit vielen Jahren befreundet ist. Aber auch diese beiden klagen, dass es so nicht mehr weitergehen könne: »Je länger wir hier sind, umso schlechter ist das Geschäft«, sagt Pietro.

Auf der Piazza San Cosimato herrscht Flaute, und nicht nur dort. Auch auf anderen Märkten in der römischen Innenstadt klagen die Gemüseverkäufer über mangelnde Kundschaft; immer mehr Stände werden aufgegeben. Da ist die schöne Markthalle in der Cola di Rienzo, einer der großen römischen Einkaufsstraßen im gutbürgerlichen Viertel Prati: Einstmals drängelten sich die Kunden jeden Vormittag in dem reich verzierten Jugendstilbau, mittlerweile aber sind ganze Verkaufsreihen wie leer gefegt. Auf dem Campo de' Fiori, dem alten römischen Blumenmarkt, herrscht zwar immer noch rege Geschäftigkeit. Aber zumeist schlendern Touristen durch die Gänge, die viel gucken und wenig kaufen. Zwischen den alten Gemüseständen machen sich unterdessen immer mehr fliegende Händler breit, die Töpfe verkaufen, billige Pullover oder buntes Plastikspielzeug.

Den tristesten Eindruck von allen aber macht der Markt von San Cosimato. Früher war beinahe der ganze Platz, der die Form eines Dreiecks hat und von hohen ockerfarbenen Mietshäusern aus der Jahrhundertwende gesäumt ist, mit den Sonnenschirmen der Marktstände übersät. Aus den zahlreichen Kaffeebars rundum dampfte der Espressoduft, die Kellner balancierten mit ihren Kaffeetabletts zwischen den Verkaufsbuden hindurch, um den Gemüseverkäufern ihren morgendlichen *cappuccino* zu servieren. Heute sind gerade noch zwei Marktreihen da, die restliche Fläche ist von bunten Blechkarossen belegt – der einstmals so belebte Markt ist zu einem Riesenparkplatz mutiert, während Leute mit großen Plastiktüten durch die umliegenden Straßen eilen. »Wir sind hier umzingelt von großen Supermärkten«, sagt Armanda »– da haben wir Kleinen keine Chance mehr.«

Frisches Gemüse gehört zur italienischen Küche wie der Zucker in den Kaffee. Deshalb sind die Gemüsemärkte traditionell ein wichtiger, zentral gelegener Anlaufpunkt in jeder italienischen Stadt. In Venedig breitet sich gleich hinter der Rialto-Brücke ein riesiger Fisch- und Gemüsemarkt aus, in Neapel ziehen sich die Marktstände wie ein roter Faden durch die Altstadtgassen. Rom aber ist die heimliche Hauptstadt der italienischen Gemüsekultur: Mehr als hundertvierzig Märkte gibt es in der Stadt, beinahe jedes Stadtviertel verfügt über einen Platz, auf dem sich an jedem Werktag die bunten Gemüsestände ausbreiten – und das selbst in der ansonsten recht schlecht versorgten Peripherie, wo sich gesichtslose Mietsblöcke aneinanderreihen.

Frühmorgens noch vor sechs Uhr beginnt die stille Invasion der *fruttivendoli*, der Gemüsehändler von Rom: Dann strömen Tausende von kleinen Lieferwagen in die Stadt, auf deren Ladeflächen rote Radicchioköpfe neben goldgelben Aprikosen liegen, grüne Erbsenschoten und tiefbraune Auberginen. »Rom hat den größten Grüngürtels Europas«, sagt Daniela Valentini, die Assessorin für das Einzelhandelswesen in der Stadt: Die einst von Dichtern und

Malern bewunderte römische Campagna ist immer auch ein fruchtbarer Garten Eden gewesen – eines der wichtigsten italienischen Gemüseanbaugebiete.

Als Delikatessen gelten vor allem die schmalen, grünen Zucchini mit den goldgelben Blüten – nur im römischen Umland, behaupten italienische Gourmets, entwickelten die Gurkenfrüchte einen solch aparten, würzig-bitteren Geschmack. Unerreicht auch die winzigen roten Walderdbeeren, die aus der Gegend um Nemi im Süden von Rom kommen. Römische Spezialitäten sind überdies die dünnen grünen Spargelstangen, die schon im frühen Frühjahr reifen; die *fave* genannten Saubohnen, die in der römischen Küche sowohl als Salat mit frisch geriebenem *Pecorino*-Käse serviert werden, geschmort in Olivenöl mit Speck dazu, oder auch als Süßspeise mit Mandeln und Zucker versetzt; und schließlich die berühmten *carciofi*, Artischocken, so groß wie Flummibälle, die früh geerntet werden müssen, weil sie als Blütengewächse bald auseinanderfallen.

Bis vor zwanzig Jahren konnte man noch sicher sein, dass die Marktverkäufer ihre Grünfrüchte von Bauern der Umgebung bezogen. Wer nicht direkt auf einem Hof einkaufte, deckte sich über den alten Großmarkt im römischen Stadtteil Ostiense mit Waren ein – dort brach, noch vor dem Morgengrauen, regelmäßig ein Verkehrsstau aus. Doch vor einigen Jahren wurde der Großmarkt geschlossen, jetzt entsteht ein Kulturzentrum darin. Unterdessen müssen die *fruttivendoli* frühmorgens nach Guidonia fahren, einem kleinen Ort bei Tivoli, wo ein neuer Gemüseumschlagplatz entstand. »Nachts um zwei muss ich jetzt schon raus«, sagt Pietro, der Gemüseverkäufer vom San-Cosimato-Markt; gegen halb sechs Uhr beginnt er dann, die frischen Feldfrüchte an seiner aus

Holz und Blech zusammengezimmerten Verkaufsbude aufzubauen.

Geübte Marktkunden kaufen niemals am erstbesten Stand. »Zunächst musst du einen *giro* machen«, sagt Agostino, ein versierter römischer Hobbykoch: einen Rundgang an allen Ständen vorbei. Hat man die Preise und die Qualitäten verglichen, kauft man dann dort, wo das Verhältnis am günstigsten erscheint. »Aber Vorsicht!«, rät Kostantino und lächelt verschmitzt: Dass die Gemüseverkäufer ihre besten Früchte zuoberst legten, sei ihr gutes Recht – »mancher packt dir jedoch nur die schlechten Sachen in die Tüte«. Noch vor einigen Jahren waren in Rom schon allein durch die auf den Märkten angebotenen Waren die Jahreszeiten erkennbar: Erdbeeren gab es nur im Mai, Broccoli im Winter und während des Sommers wurden vor allem Salat, Tomaten und die scharfen kleinen *Peperoncini*-Schoten feilgeboten. Mittlerweile aber wird beinahe alles zu allen Jahreszeiten verkauft – und statt aus dem römischen Umland kommen die Waren häufig aus Portugal, Spanien oder Chile.

Lediglich fünfzehn Prozent der Marktverkäufer in Rom, berichtet Massimiliano Gargano, böten noch Frucht- und Gemüsesorten aus der römischen Campagna an. Ihnen will die Stadt Rom jetzt Überlebenshilfen geben: Im Auftrag der Kommune hat Gargano, der Präsident einer regionalen Produzentenvereinigung ist, eine Liste aller Frucht- und Gemüsebauern zusammengestellt, deren Waren auf die Märkte gelangen. Dort sollen die Stände mit regionalen Produkten dann durch besondere Schilder gekennzeichnet sein. Gleichzeitig werden die Verkäufer verpflichtet, verschiedene Auflagen zu erfüllen, die etwa den Herkunftsnachweis und die

Frische der Ware betreffen, um so den Kunden eine gewisse Qualitätssicherheit zu bieten. »Die Märkte sind ein wichtiger Bestandteil des römischen Lebens«, meint die städtische Assessorin Valentini: »Wir wollen sie auf jeden Fall revitalisieren.«

Deshalb sollen die Gemüsestände nicht nur besser, sondern auch schöner werden. Statt der hässlichen Blechbuden, die sich vor Jahren etwa auf der Piazza San Cosimato eingebürgert hatten, verlangt die Stadt, dass die Händler sich wieder kleine Karren anschaffen, auf denen Sonnenschirme stecken. Das allerdings gefällt vielen Marktverkäufern nicht. »Meine Bude ist wirklich keine Schönheit«, sagt Pietro vom San Cosimato, »aber zurück zu den Sonnenschirmen, das ist, als ob man die Wäsche wieder im Fluss waschen müsste, statt in der Waschmaschine.«

Gern würde sich Pietro stattdessen einen schöneren Kiosk anschaffen – »aber mit welchem Geld?« Dass auf der Piazza San Cosimato und andernorts in Rom immer mehr Kunden wegbleiben, hat wenig mit der Qualität der Waren zu tun und noch weniger mit dem Aussehen der Kioske. Es sind die veränderten Lebensgewohnheiten der Römer. Früher gingen die Hausfrauen jeden Morgen über den Markt, um täglich frisches Gemüse auf den Tisch zu bringen – unterdessen waren die Männer auf der Arbeit. Mittlerweile arbeiten auch viele Frauen, weshalb sie keine Zeit mehr haben, auf den Markt zu gehen und stattdessen abends in den Supermarkt eilen, wo die Waren zudem billiger sind. Überdies hat sich die Einwohnerschaft im römischen Zentrum mittlerweile radikal gewandelt: In der Altstadt leben immer weniger Römer, stattdessen zieht es zunehmend Ausländer in die Ewige Stadt. Mehr als siebzehn Prozent der rund achtzigtausend Bewohner des römischen Zentrums sind Ausländer, im traditionellen Handwerkerviertel Trastevere liegt der Anteil noch wesentlich höher.

Wo einstmals Schreiner und Schlosser ihre Werkstätten betrieben, sind jetzt Edelboutiquen eingezogen. Wo sich früher zwei Handwerkerfamilien eine Wohnung teilten, lebt jetzt ein ausländischer Single. Die Mietpreise kletterten in astronomische Höhen, nachts wird das Viertel von endlosen Touristenströmen überschwemmt – Trastevere ist ein römisches Greenwich Village geworden, in dem immer mehr Amerikaner leben. »Uns jagen sie hier fort«, sagt die alte Marktfrau Armanda vom San Cosimato: »Leute wie wir leben heute am Viale Marconi oder sonst irgendwo.« Soll heißen: Weit draußen, viele Kilometer vom Stadtzentrum entfernt.

Wo die Römer hinziehen, da zeigen auch die Gemüsemärkte eine neue, zaghafte Blüte. In Trastevere scheinen hingegen alle Wiederbelebungsversuche vergebens, weil die neue Bewohnerschaft wenig selber kocht und kaum Wert auf qualitätvolles Gemüse legt. Dabei hat die Stadt ganz detaillierte Pläne, wie die Piazza San Cosimato künftig aussehen könnte: Mehr Raum für spielende Kinder ist geplant, die Restaurants und Kaffeebars dürfen sich mit ihren Stühlen und Tischen stärker ausbreiten auf dem Platz und ganz in der Mitte, unter der großen Platane, sollen die Alten wieder wie ehemals auf den Bänken sitzen und das Marktgeschehen betrachten können – wenn es denn noch eins gibt.

Pietro und seine Frau Concetta, die beide um die fünfzig sind, wollen ihren Stand jedenfalls schließen; die alte Marktfrau Armanda hat dann auch nichts mehr zu tun. Vor dreißig Jahren war Pietro als junger Spund aus den Abbruzzen gekommen und hatte als Kellner in einem der Restaurants auf dem Platz gearbeitet – bis er Concetta kennenlernte, die den Gemüsestand von ihrer Oma übernommen hatte. Seither haben die beiden neben der täglichen Kundschaft auch Pietros einstigen Arbeitgeber mit frischem Gemüse versorgt, und das ist jetzt sein Glück: »Ich werde wieder Kellner in dem alten Lokal.«

Christiane Kohl

Oliven und Meer

Die wichtigste Jahreszeit an der ligurischen Küste

Das Geräusch der in die Erntegefäße fallenden Oliven ist an warmen Herbsttagen an der ganzen ligurischen Küste zu hören. Genauso wie bei der Weinlese im September ist dann der ganze Alltag von der Olivenernte bestimmt. Schon im 8. Jahrhundert hatten Benediktinermönche die Oliven an die Costa di Levante, zweihundert Jahre später an die Costa di Ponente gebracht. Das Mittelmeergebiet reicht so weit, wie die Oliven wachsen, heißt es in einem alten Sprichwort. Mitte bis Ende November ist die Haupterntezeit für Oliven. Meist herrschen in Ligurien, einem der traditionellen Anbaugebiete in Italien, dann noch milde Temperaturen. Doch die Ernte ist nur dann gut, wenn ein leichter Nachtfrost den Reifeprozess der Früchte rechtzeitig beendet hat. Je früher die Früchte geerntet werden, desto fruchtiger schmeckt das Öl; umso geringer ist jedoch auch der Ertrag.

Bis zu tausend Jahre alt kann ein Olivenbaum werden. Und vielleicht hat allein die Vorstellung, wie viele große und kleine Ereignisse der Geschichte unter seinen mächtigen Zweigen stattfanden, zum Mythos des »Baumes aller Bäume« beigetragen. Knapp fünftausend Quadratmeter schmaler Terrassen bestellen Caterina und ihre Familie – in den Cinque Terre an der Grenze dessen, was eine Familie leisten kann – mit Oliven, die andere Hälfte mit Wein. »Wenn doch nur die Hälfte der Terrassen verschwinden würde«, klagt Caterina jeden Sommer über ihren Besitz. Doch dann, wenn es Herbst wird, schließt sie Frieden. Ihre Stimmung ändert sich und zwischen den Essensvorbereitungen, hier die Hauptarbeit einer älteren Bäuerin, ist sie zwischen den Bäumen am Haus zu sehen. »Es ist eine Arbeit, die mir gefällt«, wird sie dann, noch auf den Knien, zu jedem Besucher sagen. Von den ersten Novembertagen bis kurz vor Weihnachten ist die ganze Familie mit der Olivenernte beschäftigt. Bis zu einem Liter Öl täglich braucht eine vielköpfige Familie pro Tag, denn Olivenöl wird in der ligurischen Küche für alles benutzt. Die schmalen Flächen sind für den Olivenanbau wie geschaffen. Die wenigen Bauern, die etwas von der Eigenproduktion übrig haben, bringen es zur Kooperative in Levanto, wo die Oliven auch zu Öl verarbeitet werden.

Am Ortseingang von Vernazza ist, wie in vielen ligurischen Dörfern, noch der *vecchio frantoio,* die alte Olivenölmühle zu sehen. Wie viele andere wurde sie zum leuchtend gelben Feriendomizil restauriert. Alte Ölmühlen, wie es sie früher in jedem Dorf gab, sind von einer besonderen Aura umgeben. Heute sind die alten, verfallenen Steinhäuser oft im Angebot der Immobilienmakler zu finden. Große Mahlsteine wie früher werden schon lange nicht mehr für die Pressung benutzt.

Ein Olivenbaum braucht wenig Pflege – nur etwa die Hälfte der Arbeitszeit, die man zum Beispiel für einen Weinberg benötigt: Im Frühjahr wird die umliegende Erde gedüngt und ein- bis zweimal im Jahr wird das Gras gemäht. Die Wurzeln des Baumes holen sich das Wasser bis zu einer Tiefe von sechs Metern aus der Erde, auch wenn ihm zusätzliche Bewässerung durchaus gut tut. Im Winter, nach der Ernte, werden die Bäume beschnitten und trockene

Äste entfernt. Inzwischen hat sich ein kronenartiger Schnitt durchgesetzt, bei dem die Sonne möglichst tief in alle Äste dringen kann.

Wer einen Olivenbaum sein Eigen nennt, stirbt niemals arm, heißt es in einem Sprichwort. Der alte Spruch hat seinen historischen Ursprung sicher darin, dass in der Vergangenheit Ölbaumkulturen Zeichen des Wohlstands waren. Doch vor allem die Ernte ist, wie jede Arbeit in der Landwirtschaft, die nicht durch Maschinen ersetzt wurde, äußerst arbeitsintensiv. Heute findet der Anbau, wie in Ligurien, in den meist ärmeren – wenn auch landschaftlich schönsten – Regionen Europas statt. Der Anteil von italienischem Olivenöl auf dem deutschen Markt beträgt über achtzig Prozent. Außer in Ligurien werden Oliven in Sizilien, Sardinien, Apulien, der Toskana, Kampanien und Umbrien angebaut.

Pro tausend Quadratmeter stehen auf den schmalen Anbauflächen der ligurischen Küste etwa hundert Bäume. Das schonendste Ernteverfahren für die Früchte besteht immer noch darin, sie von Hand zu ernten. Meistens werden Mitte oder Ende Oktober unter den Bäumen große Netze gespannt, in die dann die reifen Früchte nach windigen Nächten fallen. Von den landwirtschaftlichen Kooperativen werden die Netze in rosafarbenen Ballen verkauft. Sie unter den Bäumen aufzuspannen, verlangt Übung und Geschick. Traditionell ist es Frauenarbeit, die Netze entsprechend dem Verlauf der Bäume zusammenzunähen.

Manchmal werden die reifen Früchte auch mit kleinen Rechen abgestreift. Allein in Italien sind die Erntemethoden je nach Region verschieden. Auf den weiteren Anbauflächen Westliguriens oder der Toskana werden bei der *bacchiatura* die Zweige mit langen Stangen geschüttelt. Dieses Abschlagen erfordert allerdings Kraft und besondere Geschicklichkeit, weil dabei auch die jungen Triebe beschädigt werden können.

Auf die Erde gefallene Früchte werden von seriösen Anbauern nicht mehr verwendet oder als minderwertig klassifiziert, weil die Früchte zu viel Säure enthalten. Von kleineren Erntegefäßen wird die Tagesernte schließlich in große Jutesäcke umgefüllt und in die Ölmühle transportiert. Auf den unzugänglichen Anbauflächen Liguriens legt man dieses erste Teilstück häufig auch zu Fuß zurück. Im Idealfall wird die Ernte noch am gleichen Tag in die Ölmühle gebracht. Längere Lagerzeit zwischen Ernte und Verarbeitung – länger als achtundvierzig Stunden – schadet den Früchten. Ein durchschnittlicher Baum trägt etwa zwanzig Kilo Früchte, aus denen etwa drei bis vier Liter Öl entstehen. Die mühsame Ernte macht über die Hälfte des Verkaufspreises von Olivenöl aus.

Noch vor Erntebeginn vereinbaren die meisten Anbauer ihren *appuntamento,* den Termin in der Ölmühle. Für einen Olivenanbauer ist das etwa so, als würde er zur Premiere in die Scala gehen. In der Ölmühle werden die Oliven zuerst gewogen, gewaschen, von den Blättern befreit und schließlich geschleusst und gepresst. Romantisch sehen die heute üblichen Endlosmühlen, die überdimensionalen Autowaschanlagen gleichen, nicht mehr aus und sie verursachen darüber hinaus einen Höllenlärm. Natürlich werden die eigenen Oliven nie mit anderen vermischt. Schließlich ist es ein besonderes Gefühl, das eigene Öl am Ende des Pressvorgangs wie grünes Gold aus den großen Trichtern laufen zu sehen. Der Pressvorgang verläuft genauso, wie er früher durch die großen Mahlsteine vollzogen wurde. Das Öl ist in Schale und Fruchtfleisch enthalten. Beides muss zerquetscht werden, um das wertvolle Öl freizusetzen. Die Frucht wird gemahlen, der Stein zerbröckelt bei diesem Prozess. Danach wird das Öl dekantiert, um es vom bitteren Fruchtwasser und den Fruchtfleischresten zu trennen. Im Gegensatz zu anderen Pflanzenölen muss das Olivenöl nicht mehr raffiniert werden.

Schon vor tausend Jahren wurde nach demselben System gepresst, nur wurde die hydraulische Presse damals von Menschen und später von Tieren bewegt. Alle Oliven machen zunächst einen einzigen kalten Pressvorgang durch. Erst danach wird Charge für Charge analysiert. Entscheidend für die Güteklasse sind Geschmack und Geruch des Öls. Ein perfekter Recyclingprozess findet bei der Pressung des Öls statt: Was danach übrig bleibt, wird als Futter- oder Düngemittel verwendet.

Durch die extrem schmalen und schwierig zu erreichenden Anbauflächen der ligurischen Levanteküste ist der Großteil des Öls für den eigenen Bedarf bestimmt. Erst im Westen Liguriens, in der Gegend um Imperia, ist der größte Teil des Öls für den Verkauf vorgesehen. Auch der Hafen hat den internationalen Handel begünstigt. Seit vielen Generationen baut die Familie von Brunello Rambaldi in der Nähe von Imperia Oliven an. Über den Wipfeln seiner über hundertjährigen Olivenbäume blickt Brunello Rambaldi in die Vergangenheit zurück.

»Das ganze Land hier hat früher meinem Vater gehört. Er besaß allein neunhundert Olivenbäume, mein Bruder und ich haben sie dann aufgeteilt. Während der Ernte wurden fünfzehn, achtzehn Olivenpflückerinnen beschäftigt. Aber natürlich hat sich diese Bewirtschaftung nicht wirklich gelohnt. Die Oliven wurden von der Erde aufgelesen, aber wenn sie schon zu lange lagen, war das Ergebnis minderwertiges Öl zu einem schlechteren Preis. Dann hat man die Netze erfunden, die man zuerst auf der Erde ausgebreitet hat. Heute sind die Netze stärker und haben Eisenhaken, mit denen man sie an den Bäumen befestigen und hochziehen kann. Das hat die Ernte wesentlich erleichtert. Ich kann mich erinnern, im ersten Jahr – Anfang der fünfziger Jahre – haben meine Frau, mein Sohn und ich an einem einzigen Tag einmal hundertzweiundsechzig Kilo Oliven gesammelt. Das war ganz enorm. In der Nacht zuvor hatte der Wind allerdings kräftig nachgeholfen und die Oliven heruntergeweht. Gleich nach Tagesanbruch hat mein Sohn die Netze zusammengezogen, und meine Frau und ich haben dann die Oliven gesammelt. Die Netze säubern, *pulire le reti*, nennt man das bei uns. Für eine solche Menge hätten früher vierzehn, fünfzehn Frauen über zwei Wochen lang täglich arbeiten müssen. Die gerade abgefallenen Oliven sind natürlich auch frischer und liefern besseres Öl. Das Öl aus einer solchen Ernte hat dann nie mehr als 0,7 Grad Säure.«

Ein paar Hügel weiter von Brunello Rambaldis Familienbesitz betreut sein Freund und Mitstreiter Franco Pullìa einen experimentellen Olivenhain. Traditionelles Wissen wollen die Betreiber erhalten und weiterverbreiten, auch den Anbau von neuen Plantagen fördern. Viele Haine liegen inzwischen brach, weil kaum ein Anbauer ausschließlich davon leben kann.

Olivenpflücken war in den südlichen Regionen Italiens jahrhundertelang Frauenarbeit. Seine Mutter, eine kalabresische Olivenpflückerin, so erzählt

Franco Pullìa, hatte ihren Sohn nach der Geburt anstatt in eine Wiege bei ihrer Arbeit unter den Schutz eines mächtigen Olivenbaums gelegt.

»Wir haben hier dreiundvierzig Arten angepflanzt – eine einmalige Pracht. Man könnte sich richtig in Olivenbäume verlieben. Am häufigsten sind hier die Taggiasca-Oliven, daneben gibt es die Frantoio di Leccino und die Moraiolo-Oliven. In den meisten Hainen wachsen drei, vier Sorten nebeneinander. Die verschiedenen Sorten kann man an den Blättern erkennen, weil jede Sorte eine eigene Blattform hat und die Früchte unterschiedlich groß sind.« Franco Pullìa, der hier Besucher mit traditionellem Wissen vertraut macht, ist ein strenger Kritiker europäischer Verkaufspolitik.

Durch den Zusatz »kaltgepresst« als vermeintliches Qualitätsmerkmal, erklärt Franco Pullìa, entstand viel Verwirrung. »›Kaltgepresst‹ bedeutet zunächst nur, dass beim Dekantiervorgang nur kaltes Wasser verwendet wird. Die Industriebetriebe haben begriffen, wie wichtig die Qualität der Produktion ist und haben dieses Verfahren der kleinen Betriebe übernommen. Das eigentliche Problem besteht darin, dass es im Supermarkt *olio extra vergine* für dreieinhalb Euro der Liter gibt. Die Zahlen haben ihre eigene Realität. Für die Produktion des Öls hier im Gebiet von Imperia haben wir eine klare Rechnung aufgestellt: Ein Liter Öl hat einen Herstellungspreis von knapp über vier Euro. Und das setzt sich zusammen aus der manuellen Arbeit, dem Verbrauch von Wasser und Düngemitteln. Das Öl der wertvollen Taggiasca-Oliven mit einem Säuregehalt von weniger als einem halben Grad und von wirklich guter Qualität kann nicht weniger als neun Euro kosten. Denn sonst geht die Rechnung für den Anbauer nicht auf. So erklärt sich auch, warum so viele Olivenhaine aufgegeben werden, was immer mehr zum Problem wird. Und so werden dann ursprünglich große Anbaugebiete immer stärker parzelliert.«

Auch die drei Güteklassen sind europaweit gleich: *nativ extra* und *nativ* sind die höchsten Güteklassen. Daneben gibt es noch das einfache »Olivenöl«, das, wie alle anderen Pflanzenöle auch, zuerst raffiniert wird und dann durch die Hinzufügung von würzigem Öl wieder Geschmack erhält. Aber alle drei sind erstklassige Öle, die hoch erhitzbar sind und viele ungesättigte Fettsäuren enthalten.

Zweieinhalb Millionen Menschen leben heute noch weltweit vom Olivenanbau. Innerhalb der Europäischen Union wird der Anbau mit acht Euro pro Baum gefördert. Die Regeln der EU sorgten allerdings für eine verwirrende Verkaufspolitik. Bis vor Kurzem konnte bloß in Italien abgefülltes Öl unabhängig von seiner Herkunft immer als italienisches Olivenöl verkauft werden.

Für den Anbauer hatte dies negative Folgen, weil große Betriebe billiges Öl aus Nicht-EU-Ländern einführten und im Hafen von Imperia verluden. Erst seit 1999 gibt es eine Verordnung, die genauere Angaben auf dem Etikett verlangt.

»Ich habe viele Jahre mit dem Olivenanbau verbracht«, sagt Brunello Rambaldi. »Und auch von meiner Familie habe ich Opfer gefordert für das, was eigentlich immer mein Traum war. Aber ich sehe diesen Traum nun scheitern, weil der Olivenanbau von den regionalen Behörden in keiner Weise unterstützt wird. Ich bin jetzt dreiundsechzig Jahre alt und habe in den letzten dreißig Jahren nur Fehlentscheidungen für den Anbau von Oliven erlebt.«

Für die wenigsten Anbauer ist der Olivenanbau

noch Haupteinnahmequelle. Doch ohne die *coltivatori della domenica,* wie sie Franco Pullìa nennt, was man vielleicht am besten mit »Sonntagsbauern« übersetzen könnte, läge noch viel mehr Land brach. Meist sind es alte Leute, die die Oliven pflegen, und häufig werden Arbeitskräfte aus Algerien, Marokko und Albanien eingesetzt.

»Diesen *coltivatori della domenica* müsste man größte Hochachtung entgegenbringen«, sagt Franco Pullìa. »Sie sind eine wirkliche Ressource, die man ermutigen und aufwerten müsste. Der regionale Olivenanbau wie hier in Ligurien braucht genau diese Leute, die einen Teil ihrer Freizeit damit verbringen, diese *appassionati,* die eigentlich die Olivenhaine retten. Und das müsste man überall erkennen und die regionalen Behörden müssten ihre Hilfe annehmen. Für die Rettung der aufgegebenen Anbauflächen müssten ganz viele Kräfte zusammenarbeiten.« Zum Glück wurde ihm und vielen anderen die Leidenschaft für den Olivenanbau in die Wiege gelegt.

Dorette Deutsch

Die »Goldsucher« mit der kalten Schnauze

Trüffelhunde auf Spurensuche

Berlusconis Herrchen Franco ist stolz wie Oskar. Sein Hund wurde auf der Trüffelmesse in Gubbio zum besten Trüffelhund des Jahres gewählt. Eigentlich kein Wunder, bei der Familie: Die Promenadenmischung Berlusconi – er muss einen Irish Setter in seinem Stammbaum haben, ein Schäferhund könnte ebenfalls mitgemischt haben – stammt aus einer Familie von Trüffelhunden. Seine Vorfahren haben sogar die Universität besucht – die berühmte Uni für Trüffelsuchhunde in Roddi, die auf dem Weg von Alba nach Verduno lag. Bis 1960 war die Stadt im Piemont Universitätsstadt! Die Uni wurde 1880 von einem Trüffelsucher gegründet, Dutzende von Mischlingshunden wurden hier zu »Goldsuchern« ausgebildet. Ungünstigerweise lag die Unileitung in Familienbesitz, als die Dozentenfamilie 1960 ausstarb, wurde das Lehrinstitut geschlossen.

Franco taufte den munteren Mischling nach dem italienischen Ministerpräsidenten, weil der auch nicht eher lockerließ, bis er am Ziel war. Jetzt trägt Berlusconi eine rot-goldene Schleife, Herrchen die Urkunde. Sein Schatzsucher ist nun Gold wert. Er hat seinen vierbeinigen Freund, dem der Unibesuch wegen Schulschließung verwehrt blieb, selbst auf Trüffeln abgerichtet, bis zu fünftausend Euro hatte man ihm schon vor der Preisverleihung für Berlusconi geboten.

Trüffelhund? War nicht immer das Schwein im Unterholz in Sachen Trüffel unterwegs, mag der informierte Leser überlegen. Schwein ist out. Die rosa Tierchen wittern die Knollen im Erdreich zwar besser, denn der ausströmende Duft ähnelt ihren Sexuallockstoffen, doch sie zerwühlen das Erdreich zu sehr, zerstören dabei die Pilzkulturen und wurden bisweilen auch beim Naschen erwischt. Außerdem ermüden die Tiere mit den kurzen Beinen ziemlich schnell, und dann war es auf Dauer doch etwas zu umständlich, sie in die Wälder zu transportieren. Daher werden in Umbrien keine Schweine mehr eingesetzt. Die meisten Trüffelhunde sind mit anderen Jagdhunden gekreuzte Setter, die ab einem Alter von sechs Monaten ausgebildet werden. Nicht alle Trüffelhunde haben es so gut wie Berlusconi. Immer wieder machen Geschichten von Tieren die Runde, die zur Trüffelzeit hungern müssen, um durch die Aussicht auf einen Happen Essbares als Belohnung ambitionierter zu schnuppern.

Es ist zwei Tage vor Vollmond. Die beste Trüffelsuchzeit. Ein *tartufaio* arbeitet mit dem Mondkalender. Heute begleite ich *tartufaio* Franco und Berlusconi bei der Trüffelsuche. In aller Herrgottsfrühe stiefeln wir irgendwo bei Spoleto durch dichte Eichenwälder. Ich bin müde, es ist zapfig kühl und Trüffeln können mir im Moment gestohlen bleiben. Ein anständiger *cappuccino* mit Erbeermarmeladecroissant wären mir weitaus lieber als ein wie auch immer geartetes Knollengericht. Franco dagegen ist schon taufrisch und voller Tatendrang, Berlusconi schwänzelt mir zwischen die Beine, freut sich wohl über die ungewohnte Gesellschaft. Während ich verschlafen durch das Unterholz tapse, zieht Franco eine Trüffel aus seinem Rucksack. Er hat sie für mich zu Demonstrationszwecken mitgebracht. Damit ich nicht versehentlich Steinpilze einsammle … Potthässlich sieht die Knolle aus, mit runzliger Rinde, winzig kleinen Warzen und violettem Fleisch, von weißen Äderchen durchzogen. Und obendrein ist sie ein Schmarotzer, der an den Wurzeln von Steineichen und Kastanien wächst? Ihhh! Franco lässt mich an dem Pilz schnuppern. Ich schließe die Augen, atme den Duft tief in mich hinein. Riecht ein bisschen nach Erde und ziemlich stark nach Knoblauch.

Zehn Trüffelsorten wachsen in Umbrien, acht schwarze und zwei weiße. Doch das größte Geschäft dreht sich um drei von ihnen, die wertvolle innen und außen dunkle Wintertrüffel, die vorwiegend rund um Norcia wächst und deswegen auch *tartufo nero di Norcia* heißt, die nicht ganz so wertvolle, weil häufiger vorkommende schwarze Sommertrüffel oder *scorzone* und die weiße Wintertrüffel, *tuber magnatum,* der Topstar unter den Knollen. Sie gedeiht vor allem bei Gubbio und Orvieto tiefer unter der Erde als die anderen Arten und ist somit auch schwerer zu entdecken. Ende Oktober bis Ende November herrscht Hochkonjunktur, in den Trüffelstädten wetteifern die Köche um das beste Trüffelgericht, das mit der Goldenen Trüffel ausgezeichnet wird.

Der *tartufaio* macht sich also zeitig am Morgen mit seinem Hund in den Wald auf und sucht seine Plätze ab – Trüffeln wachsen meist jahrelang an den gleichen Orten. Der Beruf des Trüffelsuchers ist alt und angesehen und erfordert vorzügliche Kenntnisse der heimischen Wälder und Fundorte. Es gibt Experten, die nach jahrelanger Übung eine so feine Nase haben, dass sie den charakteristischen Geruch mit ihrem Riechorgan wahrnehmen. Jeder *tartufaio* hat seine eigenen Plätze, hütet sie wie ein Geheimnis und verrät sie höchstens seinen Nachkommen – und dann auch nur im Testament.

Der begehrte Pilz wächst wenige Zentimeter unter der Erde, bevorzugt in Höhen von zweihundertfünfzig bis tausend Metern auf kalkhaltigen Böden mit dicker Humusschicht. Nur unter bestimmten Baumarten ist er zu finden, von diesen holt er sich organische Substanzen, da er wie alle Pilze selbst kein Chlorophyll erzeugt. Je nach Baum ändert er seine Beschaffenheit. Trüffeln lieben Eichen, darunter werden sie braun mit starkem Aroma, die wertvollsten entwickeln unter Linden eine goldgelbe Farbe und ein Superaroma. Haselnuss- bis orangengroß werden sie normalerweise und bilden einen fast grasfreien Ring. Sie dürfen nur zwischen dem 1. Dezember und dem 15. März gesammelt werden, und nur tagsüber. Bei nächtlicher Trüffelernte wäre die Gefahr zu groß, die Wurzeln der Pflanzen zu beschädigen, an denen das wertvolle Gut wächst.

Die Hunde erschnüffeln das starke Aroma der Knollen, graben sie aus und übergeben sie gegen Belohnung an ihr Herrchen. Wer jetzt denkt, da nehme ich mir doch meinen Dackel und mache mich auf den Weg, der sei gewarnt. Allerorts in den Wäldern stehen Schilder »Raccolta dei tartufi riservata!«, denn auf die Suche nach Trüffeln dürfen sich nur Sucher mit Berechtigungschein machen, über zehntausend Berechtigungsscheine sind im Moment im Umlauf. Wer unbedingt selbst mal das umbrische Unterholz durchschnüffeln möchte, kann eine Tour buchen, die viele Agriturismo-Betriebe und der Fremdenverkehrsverein anbieten.

Berlusconi, der zuerst noch kreuz und quer durch die Bäume gesprungen war, scheint auf einmal etwas gewittert zu haben, auch Franco wird aufmerksam. »Vai, Berlusconi«, feuert er ihn an. Berlusconi schnuppert konzentriert auf dem Waldboden herum und will dann mit dem Graben beginnen. »Vieni qua«, beordert ihn Franco zurück und belohnt den folgsamen Hund mit einem trockenen Hundekeks. Nicht gerade ein fürstlicher Lohn für den wertvollen Fund …

Franco zieht nun aus seinem Rucksack eine Art Spaten, eine Trüffelschaufel, die *vanghetto* heißt. Ganz vorsichtig wühlt er die Erde um den Fund noch etwas auf und schält dann die Knolle behutsam mit den Händen aus dem Boden.

Ein wenig Trüffelkunde: Schon die alten Griechen speisten gerne Trüffeln, die Römer schätzten vor allem ihre angeblich aphrodisierende Wirkung, allerdings bevorzugten sie afrikanische Knollen. Von Apicius, einem römischen Koch und Verfasser des bedeutendsten Kochbuchs in lateinischer Sprache, sind Trüffelrezepte überliefert. Im Mittelalter geriet der Edelpilz ein wenig in Vergessenheit, Trüffeln galten als sündiges Lebensmittel, das man höchstens noch als Medizin benutzen durfte. In der Renaissance feierte der Pilz sein Comeback. Adelsfamilien aus Venedig ließen sich ihre Trüffeln direkt aus Gubbio schicken, Trüffeln gehörten auf jede Tafel. Lucrezia Borgia, die 1499 als päpstliche Regentin zwei Monate in Spoleto herrschte – ihr Vater Papst Alexander VI. hatte sie hierher geschickt, um sie von ihrem Gemahl Alfons von Aragon fernzuhalten –, liebte die Edelknolle. Im 19. Jahrhundert waren Trüffeln das Symbol für kulinarische Raffinesse und Luxus, und auch Napoleon soll ein wahrer Fan gewesen sein. Die Königin der Küche mit dem herrlichen Aroma hat leider einen sündhaft teuren Preis: Ein Kilo *tartufo bianco* kostet zwischen zweieinhalb- und dreitausend Euro. Das bedeutet für Feinschmecker: Für ein Portiönchen *spaghetti* mit hauchdünn gehobelten Trüffelscheiben muss man schon mit rund achtzehn Euro rechnen. Aber, mal ehrlich: Gibt es etwas Leckereres als hausgemachte goldgelbe *pasta* mit einem Hauch von Trüffel?

Frisch aus dem Boden gebuddelte Trüffeln halten etwa eine Woche. An der Luft verlieren die Knollen allerdings schnell an Aroma. Wer kaufen möchte, sollte zuvor den Kneif- und Schnüffeltest machen: Trüffeln sollten fest und nicht zu leicht sein. Zu weiche Trüffel waren in der Regel gefroren und schmecken nicht mehr. Sie sollten stark duften, nicht von Insekten befallen sein. Am besten, man kauft sie gebürstet. Für den Transport nach Hause wickelt man die Trüffeln in Papiertücher. Vorsicht: Nicht auf Reis lagern, das trocknet aus! Keine Echtheitsgarantie gibt's für getrüffelte Lebensmittel – höchstens, wenn sie von Urbani kommen. Der Familienbetrieb ist so etwas wie die Agnelli-Familie unter den Trüffelbauern, sechzig Prozent des gesamten Weltmarkts beansprucht er für sich. Im Firmensitz im Valneria-Tal werden die Knollen verarbeitet – von Hand, versteht sich. Und es gibt nichts, wozu sich die Trüffel nicht verarbeiten ließe: Trüffelbutter, Trüffelöl, Mehl mit Trüffeln, Nudeln mit Trüffeln, Schokolade mit Trüffeln. Wenn allerdings Trüffeln als *tartufo* auf der Dessertkarte auftauchen, haben die Pilze aus dem Wald nichts damit zu tun, es handelt sich vielmehr um eine schokoladige Eisknolle. Wer die leckeren Dinger lieber im Originalzustand zu Hause haben möchte, bestellt sie einfach bei Urbani. Innerhalb von achtundvierzig Stunden wird geliefert – nach dem Preis fragt man am besten gleich gar nicht! *Attenzione*, es ist nicht überall reine Trüffel drin, wo Trüffel draufsteht: Es ist durchaus üblich, Trüffelmischungen wie Saucen oder Pasten mit Geschmacksverstärkern anzureichern. Umbrien ist Trüffelwunderland, die Knollen werden von hier nicht nur in alle Welt verkauft – sondern sogar auch in die »Trüffelkonkurrenzländer« Frankreich und Piemont, wo sie mitunter als einheimische Knollen auf den Ladentischen wieder auftauchen.

Wir sind bei Franco zu Hause, Berlusconi hat sich in seine Hundehütte zurückgezogen und bekommt jetzt endlich einen Knochen. Auf der Trüffeljagd soll er nicht essen, erklärt mir Franco. Seine Frau Cecilia hat schon einen riesigen Pott mit wild kochendem Salzwasser auf dem Herd stehen, der Tisch in der geräumigen Küche ist gedeckt. Franco zieht unsere Trüffel aus dem Rucksack, untersucht das Ding, bürstet es dann vorsichtig mit einer Zahnbürste. In der Zwischenzeit sind die Nudeln *al dente*, Franco hobelt hauchdünn Trüffel in eine Schüssel, mischt sie mit etwas Olivenöl *extra vergine* und einer Prise Salz und gibt sie dann über die golbgelben *tagliatelle*. Dieser Duft! Mhhhh! Dieser Geschmack! Erdbeermarmeladecroissants – hier könnt ihr nicht mithalten!

Natalie John

Es darf ruhig wieder Chianti sein!

Ein Tischwein landet im Barrique-Fass

Wer behauptet, dass Kulturreisen unbedingt langweilig und vor allen Dingen trocken sein müssen? Jedenfalls nicht im Chianti-Gebiet, wo Landschaft und Wein seit Jahrhunderten untrennbar miteinander verbunden sind. Wer Land, Leute und Kultur verstehen will, kommt an einem Besuch in einem Weingut – natürlich mit anschließender Degustation! – also gar nicht vorbei. »Bacchus sei Dank« weisen braungrundige Schilder mit der Aufschrift »Strada del Vino«, Weinstraße, den Bildungsdurstigen vielerorts den Weg zu Kellereien und zu gut sortierten *enoteche*.

Spätestens dort stellt sich jedoch heraus, dass es eine ganze Menge zu lernen gibt. Es hat sich viel verändert in den letzten Jahren im Chianti-Gebiet mit dem Chianti-Wein. Sichtbarster Beweis: Aus dem dickbauchigen, strohumwickelten *fiasco* ist eine genormte Bordeaux-Flasche geworden, auf der meist ein schwarzer Hahn prangt. Gütesiegel für den kontrollierten Qualitätswein aus dem historischen Chianti-Gebiet. Die eigentliche Veränderung in Weinberg und Keller hingegen ist weniger augenscheinlich. Sie wird erst bei einer Weinprobe erkennbar: Chianti ist nicht mehr der einfache Tischwein früherer Tage. Er hat sich zu einem gut strukturierten Wein mit intensiver Farbe, höherem Alkoholgehalt und dem obligatorischen Holztanningeschmack gemausert und ist zudem heute lagerungsfähig.

Mit den Zeiten hätten sich eben die Trinkgewohnheiten geändert, kommentiert Luigi Folonari vom Weinhandelshaus Ruffino diese Entwicklung. Der traditionsreiche Familienbetrieb, der in den sechziger Jahren die Bundesrepublik mit seinem Chianti Ruffino sozusagen italianisierte, hat die Veränderung selbst zu spüren bekommen. Sein Tischwein kam plötzlich aus der Mode. »Früher war Wein in einem Herstellerland ein Lebensmittel. Heute hingegen ist er ein Produkt, mit dem man Eindruck machen will. Er wurde zum Ausdrucksmittel der Identität von Weinkennern und solchen, die es werden wollen.«

Die Trendwende begann in den achtziger Jahren, als Essen und Trinken plötzlich zu Ess- und Trinkkultur fermentierten. Die Weintrinker wollten nicht nur ein Getränk zum Essen, sie wollten Qualität. Die Nachfrage nach einer Weinkategorie, die diese Vorlieben widerspiegelte, wuchs. Seitdem werden in der gesamten Region zwar weniger, dafür bessere Weine gekeltert.

Die Folonaris standen – wie alle Winzer im Chianti-Gebiet – allerdings vor dem Problem, im selben Anbaugebiet mit der gleichen Rebsorte einen modernen, sprich lagerungsfähigen, eleganten Wein zu keltern. Weil ein großer Wein zuallererst im Weinberg gemacht wird, womit natürlich nicht nur die sorgfältige Weinlese per Hand gemeint ist, schraubten die Winzer die Hektarerträge herunter, ersetzten überalterte Weinstöcke, experimentierten mit der Pflanzendichte und probierten neue Schnittmethoden aus.

In der Kellerei wurde ebenfalls experimentiert: Zwar verlangte die historische Formel, dass Chianti nur aus der roten Sangiovese-Traube zusammen mit einem kleinen Anteil weißer Trauben gekeltert werden durfte. Dieses traditionelle Mischverhältnis aus roten und weißen Trauben garantierte schließlich seine typische Frische, die Fruchtigkeit und das intensive Bouquet, gleichzeitig verringerte es jedoch seine Lagerfähigkeit. Die Chianti-Winzer setzten sich aber vielerorts über die strengen Produktionsvorschriften hinweg. Sie probierten reinsortige Sangiovese-Weine aus und mischten französische Traubensorten dazu. Zusätzlich modernisierten sie ihre Kellereien und nahmen experimentierfreudige Weintechniker unter Vertrag, die die Weine beispielsweise in kleinen Eichenholzfässern, den Barriques, reifen ließen, um eine persönliche Note zu erzielen. Seitdem ist Chianti viel differenzierter als noch vor einigen Jahren. Plötzlich spielen Unterzonen wie Gaiole und Castellina eine Rolle und sind Begriffe wie Mikroklima und Bodenbeschaffenheit in Weinkenners Mund, weil sich das alles auf den Charakter eines Weines auswirke, wie Luigi Folonari erklärt. Früher habe man einfach die Trauben der verschiedenen Weinberge miteinander vermischt. Das passiere heute natürlich nicht mehr. »Heute lautet die erste Frage eines Weinkenners: Chianti Classico, aus welchem Gebiet und von welchem Betrieb?«

Nach langem Tauziehen wurde die traditionelle Chianti-Formel verändert. Das bedeutet, der toskanische Rebensaft kann nunmehr offiziell hundertprozentig rot oder mit französischen Trauben versetzt sein. Der Aufwand hat sich nach Meinung der Winzer gelohnt. Chianti Classico ist erneut das italienische Lieblingskind der internationalen Weinfreunde, die dafür hohe Preise zahlen.

Der typische Chianti sei allerdings auf der Strecke geblieben, bedauert der Schweizer Andreas

März, der in der Toskana lebt. Der Weinjournalist trauert dem »fröhlichen, unbeschwerten, tanninigen Produkt« nach, das man zum deftigen Essen trank. Heute existierten fast nur noch teure, aufgerüstete Weine, die »schwerer, konzentrierter und weniger trinkbar sind«. Er hofft, dass das Pendel wieder nach der anderen Seite ausschlägt. Es sei so weit gekommen, dass die hochgelobten Weine zum Objekt der Sammelbegierde geworden sind und ungeöffnet in den Kellern verstauben. Er glaubt, dass er den richtigen Chianti-Freunden aus dem Herzen spricht, wenn er sich wieder mehr Chianti-Weine zum Trinken wünscht. »Dafür sind sie schließlich da.«

Christiane Büld Campetti

In vino veritas – und jede Menge Arbeit

Ernesto und seine Weinkellerei

Ernesto mustert meine Füße, die in dunkelblauen, hochhackigen Lederpumps stecken. »Sechsunddreißig?«

Nie im Leben. »Neununddreißig!« Ernesto versteht wohl von Trauben und Wein mehr als von Damenfüßen. Er gibt mir ein Paar dicke, dunkelbraune Schnürstiefel mit erdverkrusteter Sohle, Größe einundvierzig, und ein Paar dicke Socken. Meine Jeans lässt er als Erntekleidung gerade so durchgehen, über meine hellblaue Bluse muss ich eine dunkelgrüne wetterfeste Jacke ziehen. Ernesto mit dem olivbraunen wettergegerbten Gesicht, den lustigen kohlrabenschwarzen Augen und der dunkelbraunen Haarpracht, um die ihn jeder nordeuropäische Mann in seinem Alter beneiden würde, ist Hobbywinzer. In der Hügellandschaft bei Montefalcone besitzt seine Familie seit Generationen ein kleines zauberhaftes Weingut. Die Weinstöcke klettern steile, unwegsame Hügel hinauf. Produziert wird für den Eigenverbrauch, nur die besten Freunde bekommen ein Schlückchen ab. Ich habe versprochen, ihm heute bei der Traubenernte zu helfen und bekomme dafür ein Nachhilfestündchen in Sachen Weinanbau.

Die Sonne strahlt vom azurblauen Himmel, ein leichtes Lüftchen huscht durch meine Haare, ein süßlicher Traubenduft liegt in der Luft.

Ernesto knackt eine Weintraube von der Rebe,

»Siehst du, so muss ein Träubchen aussehen«, erklärt er mir und streichelt so vorsichtig über die hellgrüne Schale, als wäre es das Köpfchen eines Neugeborenen.

»Koste«, er streckt mir sein Träubchen hin. »Diesen Geschmack«, er hält einen Moment inne, fährt dann mit einer dieser gewaltigen Handbewegungen fort, wie sie nur die Italiener können, »dieses Traubenbouquet, das musst du nachher im Wein wiederfinden.«

Bis er von seinen Rebstöcken endlich Trauben ernten kann, muss er hart arbeiten. Zwar ist er inzwischen schon lange nicht mehr per pedes, sondern, wo es geht, mit einem kleinen Traktor unterwegs, doch auch das ist keine reine Spazierfahrt. Der Weinanbau beginnt mit dem Rebensetzen, mit dem Spannen von Drähten und Pfählen, ohne die sich die Weinreben zu wild wuchernden Schlingpflanzen auswachsen würden.

Hängen endlich die richtigen Träubchen an den Reben, dann müssen sie behütet werden vor fresslustigen Schädlingen und gegen den Frost beschützt werden. Gute drei Jahre dauert es nach dem Pflanzen, bis die Reben einen vollen Ertrag bringen. Damit sie das tun, müssen sie regelmäßig geschnitten werden.

»Wenn ich schneide, habe ich schon den Geschmack des Weines im Kopf«, erklärt Ernesto.

Viele seiner Kollegen benutzen inzwischen einen Traubenvollernter, doch so was lehnt Ernesto ab. Die Maschine nimmt alles mit, sagt er, gesunde, kranke, reife, unreife, sie wirft alle Trauben in einen Topf. »Die Romantik der Traubenlese besteht doch darin, differenziert zu lesen«, erklärt Ernesto, sortiert ein paar Handvoll Trauben aus meinem Eimer, pfeffert sie in die Weinberge, »und die Qualität eben auch.«

Nach der Ernte werden die Früchte zwischen zwei Walzen gequetscht oder gemahlen. Nach dem Mahlvorgang ist aus den Trauben Maische geworden. Moderne Keltersysteme können bis zu fünfzig Tonnen Trauben in einer Stunde verarbeiten. Ernesto allerdings tritt die Trauben noch ganz oldfashioned mit den Füßen. Er schüttet die Ernte in einen Trog und tritt sie mit bloßen Füßen aus, so wie man es aus alten italienischen Filmen kennt. Durch eine Abflussrinne fließt der Saft in ein darunter gestelltes Gefäß.

Dann ist der Gärungsprozess an der Reihe, der von den Hefepilzen verursacht wird. Diese erzeugen Enzyme, die den Zucker des Traubensafts in Alkohol und Kohlendioxid verwandeln. Dabei entsteht aus einem Gramm Zucker ein halbes Gramm Alkohol und ein halbes Gramm Kohlendioxid. Das bei der Gärung frei werdende Kohlendioxid muss laufend abgesaugt werden, sonst gibt es Todesfälle im Keller. Ernesto hält beim Betreten des Gärkellers eine brennende Kerze in Bauchhöhe vor sich. Geht sie aus, besteht Lebensgefahr und er muss den Keller schleunigst verlassen. Vier Wochen nach Beendigung der Gärung erfolgt der erste Abstich, man entfernt das Hefesediment, das sich am Boden des Fasses abgesetzt hat.

Das Fass aus Eichenholz gehört der Vergangenheit an, der Wein von heute lagert in einem Stahltank. Ernesto erzählt von einem Kollegen, dem Besitzer eines riesigen Weinguts, der die Besucher an einer Reihe von Holzfässern vorbeiführt – im verschlossenen Nebenraum sind die Stahlriesen versteckt. Die alten Fässer sind voller Bakterien und machen den Wein krank.

Lediglich Barrique-Fässer wären akzeptabel,

doch die kosten bis zu tausend Dollar pro Stück – unerschwinglich für Hobbywinzer.

Nach Beendigung des Ausbaus wird der Wein in Flaschen gefüllt, und dann lagert er vor sich hin. Ernesto lässt seinem Wein viel Zeit. »Er sagt mir, wann er raus will.«

»Je älter, desto besser«, sage ich fachkundig.

»Ein guter Wein ist immer gut, von der Jugend bis ins Rentenalter«, korrigiert Ernesto.

Während Ernesto erzählt, haben wir fleißig in unsere dunkelgrünen Plastikeimer geerntet, die wir nun in eine Tragebutte kippen. Ernesto hievt das Ding, fast so groß wie er selbst, auf seinen Rücken. Vierzig Kilo wiegt so eine volle Butte, ich habe ein wenig Angst, dass er vornüberkippt …

Ernesto marschiert zu dem kleinen grünen Wagen am Wegrand, steigt auf eine schon etwas rostige Leiter und kippt die Ernte in den Wagen. Ich strecke meine armen strapazierten Glieder. Mein Rücken tut weh, im rechten Arm kündigt sich Muskelkater an. »Brava!«, lobt Ernesto meinen Einsatz. Wir setzen uns in den Wagen und tuckern zum Haus.

Nach getaner Arbeit ist gut Wein kosten. Wir sitzen in Ernestos gemütlichem Weinkeller an einem langen dunklen Eichenholztisch und schnüffeln an den vollen Gläsern. Ernestos Wein ist ein *nostrano*, ein »Unsriger«, kein Spitzenwein mit Label, ein schlichter Wein des Landes.

»Wein ist etwas Lebendiges, ich lebe mit ihm, am Weinberg, im Weinkeller«, philosophiert Ernesto. Er nimmt einen Schluck. »Die Persönlichkeit des Winzers spiegelt sich in jedem Wein. Der Wein ist meine große Liebe!«, schwärmt er. Seine Frau Luisa kommt zur Tür herein, sie hat ein großes Tablett mit *antipasti, salame* und frischem Weißbrot dabei.

»An erster Stelle kommt natürlich meine Frau«, korrigiert Ernesto flugs. »Dann der Wein, dann das Essen von Luisa.«

Der Salamiduft schleicht sich in meine Nase, mein Magen knurrt, Weinlese macht hungrig. »Prego!«, fordert mich Luisa auf. Ich packe mir ein dickes Stück Brot und eine Scheibe *salami*.

Ernesto ist noch im Wein versunken, er schüttelt sein Glas, dass die rote Flüssigkeit tanzt wie eine Primaballerina. »Der Wein ist ein Geschichtenerzähler«, schwärmt er weiter. Man merkt, er ist in seinem Element, er liebt, was er tut. »Jeder erzählt seine eigene Geschichte.«

Ich höre genau hin, sehe ganz tief hinein, beobachte konzentriert jede Bewegung, mein Glas jedoch schweigt beharrlich – aber ich wette, mein Rücken wird mir morgen ein paar höchst interessante Geschichten erzählen …

Apropos Geschichten, eine weinselige zum Schluss: Es war einmal ein deutscher Bischof, der den guten Tropfen sehr zugetan war.

Vor einer Romreise beauftragte er seinen vorausgeschickten Diener, in jedem Nachtquartier den örtlichen Wein zu kosten und sein positives Urteil mit einem »Est« an die Haustür zu schreiben. Der Diener kam nach Montefiascone, probierte den goldgelben Wein aus Moscato-Trauben und war hellauf entzückt. An der Haustür verlieh er seiner Begeisterung mit einem »Est-Est-Est« Ausdruck. Der Bischof folgte, trank und bestätigte des Dieners Urteil. Und dann soll er sich an dem süffigen Muskateller von Montefiascone zu Tode gesoffen haben, was sogar auf seinem Grab vermerkt steht.

Ganz so intensiv wie der weinliebhabende Bischof sollte man die umbrischen Weine nun nicht gerade kosten, doch ein Probeschlückchen müsste schon drin sein. Umbrien ist das qualitative Zentrum des Weinanbaus Mittelitaliens. Die bekannteste Sorte ist der Orvieto, der rund um die auf Tuffsteinfelsen gelegene Stadt auf wärmespeichernden Tuffböden wächst, er ist Umbriens größter Exportwein, steht in jeder Pizzeria auf der Getränkekarte. Es gibt ihn trocken, *secco,* oder lieblich, *amabile,* aus dem Bouquet edelfauler Trebbiano-Beeren, oder aber leicht süß, *abbocato,* zum Dessert. Die gehobenere Version des viel konsumierten Weißweins ist der Orvieto Classico, nur in einem begrenzten Anbaugebiet darf er sich so nennen. Wer Weinshopping betreiben möchte, tut gut daran, auf den Zusatz »classico« zu achten.

Was des Bischofs Vorkoster wohl an die Tür der Lungarotti in Torgiano, Umbriens Weinhochburg, geschrieben hätte? Vielleicht »Est!!!«? Die Winzerfamilie produziert Umbriens bekannteste DOC- und DOCG-Tropfen, allen voran den tiefroten Torgiano-Rubesco und den weißen Torre di Giano, und hält fest die Zügel in der Hand in dem Fünftausend-Seelen-Dörfchen südlich von Perugia. Neben dem Weingut mit zweihundert Hektar Rebfläche rund um Torgiano hat sich die Familie ein über die Grenzen Umbriens hinaus bekanntes Weinmuseum eingerichtet. Zwanzig Ausstellungsräume voller weinseliger Erinnerungen, von Winzergeräten bis hin zu antiken Weinamphoren, vom Wein in der Heilkunde bis zum Wein in der Mythologie. Am Ende folgt – gegen Extrabezahlung – die Weinprobe, natürlich von Lungarotti-Weinen. Und wenn die *degustazione* allzu intensiv ausfällt, dann kann man sich im Luxushotel Tre Vaselle erholen. Nicht schwer zu erraten, wem das Hotel gehört …

Natalie John

Königin mit dreigezinktem Zepter

Annas schöne, schwere Arbeit in der Trattoria Pommidoro

Anna mit der dreigezinkten Gabel in der Hand am Herd – o du herrliches Italien. »Schau her«, ruft Anna, hebt die Pfanne von der Flamme und schwenkt sie, dass die Speckstreifen im zischenden Fett umeinander torkeln. »Schweinebacke muss das sein, an der Luft getrocknet, nicht geräuchert, und kein Bauchspeck.« Nur Schweinebacke kommt in Frage, die aus den Abruzzen, die Aldo am Morgen draußen in Moricone aus dem Weinkeller geholt hat. Und diese Schweinebacke wird hier nicht auf Vorrat geschnitten, sondern saftig heruntergesäbelt bei jeder Bestellung, die die Schwiegersöhne aus der Außenwelt in die Küchenhitze rufen.

Anna, gut gelaunt wie immer, ist dabei, die circa hundertsechzigtausendste Portion ihrer berühmten *spaghetti alla carbonara* zuzubereiten. Das Ei ist schon geschlagen, ein Ei aus dem eigenen Hühnerstall. Mit dem Sieb hebt sie die Spaghetti aus dem Wasser, lässt sie auf die Schweinebackenstreifen gleiten, rührt um, wirft Pfeffer darüber und mischt, die Pfanne frei in der Luft haltend, das Ei darunter. »Wichtig ist, dass es nicht gebacken wird.« Schaumig hat das Ei zu bleiben, rutschen soll die *carbonara*, wenn der Käse draufgerieben wird. »Man muss den richtigen Augenblick finden«, ruft Anna, blickt herüber, hebt die Gabel, lacht.

Diese Gabel: drei lange Zinken hat sie, das ist

wichtig, zweigezinkte Kochgabeln lehnt Anna ab. Und wenn der Herr Redakteur vom Linksblatt *L'Unità*, der da im dunklen Anzug und mit weißem Hut zur Küche hereinschaut und »Guten Tag, Königin« ruft, mit seiner Anrede nicht völlig daneben liegt, dann ist die dreigezinkte Gabel das Zepter, mit dem Königin Anna in dieser Küche im silbrigen Glanz der Stahlverkleidungen regiert. Draußen aber, über den Tischen, herrscht König Aldo, die gelbe Serviette geschultert, die Schürze vorgebunden, die Brille baumelt vor der Brust an einer Schnur.

Einundsechzig Jahre alt sind Aldo Bravi und Anna Desideri, und seit ihrer Hochzeit vor vierzig Jahren spielt ihr Leben unter den Gewölben der Trattoria Pommidoro im touristenfernen Stadtteil San Lorenzo, der in Rom zwischen dem Hauptbahnhof und dem Zentralfriedhof liegt. Sie haben den Pommidoro, von Aldos Ahnen ererbt, zu einem Qualitätsbegriff römischer Traditionsküche gemacht. Man isst dort nicht nur ausgezeichnet zu normalen Preisen, sondern hat auch teil an einer bunt gemischten Gesellschaft, die als Netz von Freundschaften um die Wirtsfamilie geknüpft ist. Eine Schaubühne italienischer Lebensart tut sich auf an der von parkendem Blech beengten Piazza dei Sanniti – verheißungsvolles Ziel für eine Reportage-Expedition in das Innere eines Esslokals, von dem man sonst nur das Äußere und die Erzeugnisse wahrnimmt.

Auf die Küche kommt es an, diesen Ort der unzählbaren Wiedergeburten, dessen Lebenshauch die Hitze ist. »Komm mal her«, ruft Anna und winkt. Auf dem Herd sind alle acht Gasflammen aufgedreht, vier für das ständig kochende Wasser der verschiedenen Nudelsorten, vier für die Saucen und das Fleisch. Tritt man hin zu diesem Arbeitsplatz, zuckt man zurück vor der schmerzenden Feuerglut. Anna erwehrt sich ihrer Anfechtungen, indem sie literweise Wasser trinkt und öfters einen scherzhaft abgetönten Seufzer der Beschwernis ausstößt. Aber könnte es nicht mehr sein als einer ihrer Scherze, dass ihr Gesicht so völlig faltenfrei geblieben sei, weil es so intensiv im fetten Dunst gebadet wird?

Anna kocht im fröhlichen Bewusstsein, dass sie eine hohe Kunst ausübt. Hätte sonst der Chef einer Kochschule aus New York sie filmen lassen, wie sie ihre *carbonara* macht? Wäre sonst das Lokal jeden Abend voll? Und würde Anna sich sonst täglich außer sonntags in diese Hitze stellen, vom Vormittag bis in die Nacht? »Ich weiß nicht, woher sie all die Kraft nimmt«, sagt Aldo. »Anna ist ein Motor, der nie anhält.« Und jeden Abend wird der Motor auf höchste Tourenzahl gejagt, wenn hundert Gäste an den Tischen sitzen, wenn die Kellner laufend neue Ordres in Annas Flammenbaldachin hinüberschreien.

Der Pommidoro ist ein klassischer Familienbetrieb, wie es sie in Italien zu Hunderttausenden gibt. Kellner sind Aldos und Annas Schwiegersöhne Amedeo, Mario und Valentino. Mittags hilft auch Tochter Dina, abends springen bei Bedarf auch deren Schwestern Sandra und Rossana ein. Es bedienen ferner Toni, ein Neffe Marios, und Livio, der ein Cousin Amedeos und ein Schwager Marios ist. Und Benito, der im offenen Kamin über Holzkohlenglut die Steaks und Fische brät, ist ein Onkel Amedeos. Aldo, der *padrone*, ist der Libero. Hier nimmt er Vorbestellungen entgegen, empfängt die Gäste, schneidet Spanferkel auf; dort füllt er Wein ins Fass, putzt Muscheln, hackt Ochsenschwänze klein, sitzt am Schreibtisch. Nur Aldo und Mario stellen Rechnungen aus, nur Aldo und Amedeo schneiden Schinken auf, und zwar von Hand.

Als Küchenhelfer sind Zamir und Ardian eingestellt, zwei junge Albaner. Ardian wäscht Geschirr, richtet Röstbrot mit Tomaten her und geht den Kellnern bei den Nachspeisen zur Hand. Zamir schafft Fleisch herbei, schlägt Eier für die *carbonara,* spickt Meerestiere auf die Grillroste, streut Sägemehl am Boden aus und springt behände ein, wo immer eine Lücke klafft. Zamir hilft Anna, die Bestellungen der Schwiegersöhne lauthals zu memorieren, und Zamir ist der Einzige, der an die Töpfe darf. Denn eigentlich herrscht Anna dort allein und unumschränkt. »Ich muss frei sein können«, sagt sie. Als sie vor dreißig Jahren ihre Tochter Rossana gebar, stand Anna noch am Abend vor der Entbindung am Herd – und am Tag danach schon wieder.

Die Köchin blüht geradezu auf im Stress, nie würde man vermuten, dass sie einmal wegen Herzbeschwerden sieben Jahre ausgesetzt hat; damals war der Pommidoro vermietet und verkam. Heute zeigt nur ein Furunkel an Annas Stirn, wie Stress verwunden kann, wenn die Stunde der größten Anstrengung gekommen ist. Abends gegen zehn, wenn im Hauptlokal, im Keller und auf der Piazza kein Stuhl mehr frei ist; wenn der Hunger der Erwartungsvollen wie eine Brandung an den spiegelblanken Küchentisch heranrollt; wenn jeder an jedem Tisch eine andere *pasta* bestellt – dann ballt sich die Anspannung, erzittert die Küche im schöpferischen Chaos. Dann kommt es vor, dass für den Bruchteil einer Minute neun Menschen gleichzeitig den Raum zwischen Eingang, Spüle, Herd und Kühlschränken füllen; dass Valentino Brot schneidet und Amedeo mit blanker Hand Salat mischt; dass Ardian Öl zapft und Zamir Teller in den Lift zum Keller schiebt; dass Mario nach Gläsern klaubt, Livio nach Rouladen ruft und Toni vor dem Ventilator Kühlung sucht; dass Aldo Schwertfisch zerteilt und Anna mit dem Dreizack im grünen Sugo rührt, dessen Rezept sie nicht verrät.

Wer da die verwegene Idee hatte, man könnte als Reporter einmal mitarbeiten in dieser Küche, Auberginen schneiden und Zucchiniblüten putzen, der kapiert rasch, wie sehr dies eingreifen würde in die Rhythmen einer eingeübten Gemeinschaft, deren aufgepeitschte Energien sich ständig neu zu einem anderen Wimmelbild zusammenfügen. Es ist schon aufregend genug, mitschwitzend ein paar Tage zwischen Abfalltonne und Küchenwaage auszuharren und hineinzusehen in das bebende Universum. »Schau hier, zum Kosten«, ruft Anna und reicht *tagliolini* mit Tintenfischsugo herüber. Und danach *fettucine* mit Gemüsesauce. Und eine Gabel Rindsgeschnetzeltes. Und Wildschwein. Und Bries. Und Kutteln. O Santa Trattoria, schön ist dieses Leben, doch es ist auch hart.

Sie wissen es. Ja, »es ist ein zu großes Opfer«, sagt Mario, als sich nach Mitternacht die Kellner und die Küchenhelfer mit *buccatini all'amatriciana* zum Essen setzen. Schichtarbeit heißt Verzicht, wer im Restaurant beschäftigt ist, kommt nicht ins Kino, geht nicht aus, sieht selten einmal fern. »Es fehlt die Freiheit«, hat Anna gesagt, als sie und Aldo nach der Mittagsschlacht draußen unterm Sonnenschirm mit dem jungen Paar aus Neapel plauderten. Ach, Neapel. Ein einziges Mal war Anna dort, auf der Hochzeitsreise. Von Rom, der Stadt, in der sie lebt, hat sie weniger gesehen als ein Dreitagestourist, »das tut mir weh«. Im Petersdom war sie zuletzt als Fünfzehnjährige. Nie in der Oper, nie französisch gegessen, »und vielleicht bin ich die einzige Frau, die nie ein langes Kleid angezogen hat, um auf ein Fest zu gehen«, sagt Anna.

Dennoch nimmt sie wie Aldo und die anderen teil an Geselligkeiten, um die mancher sie beneidet. Immer war der Pommidoro ein Lokal, in dem alle Klassen willkommen waren, die Arbeiter des Viertels, die Professoren der nahen Universität, die Künstler aus dem Atelierhaus gegenüber. Im Pommidoro isst Ceccio, der Anstreicher, der mal im Gefängnis Regina Coeli einsaß, so gut wie Angelo, der Biologieprofessor, und Claudio, der Fotograf. Alles Freunde, *amici*. Nette Gäste gehören bald zur Familie, wie Christian, der Münchner Fotograf vom Atelierhaus drüben, der sogar nach Mitternacht noch zu essen bekommt.

Sind die Bestellungen verebbt und die Gasflammen herabgedreht, hocken Anna und Aldo sich hinaus vor die Tür oder zu den Freunden an den Tisch. Jeder Tag bringt Begegnungen, Wiedersehen mit den *amici*, die sich für Annas Tafelfreuden mit Gefälligkeiten revanchieren. Wie viele *amici* haben sich nicht eingesetzt, um den zuständigen Dezernenten der Stadt zu überzeugen, dass Aldo nun endlich die Genehmigung für eine wetterfeste Überdachung der Lokalfläche auf der Piazza braucht! Und wie hat erst der *amico* Medizinprofessor geholfen, der gestern in die Küche kam und Anna begrüßte. Heute Mittag hat er ihr einen Kliniktermin freigehalten, um ihr Bandscheibenleiden zu untersuchen und ein Pflaster aufzukleben, umsonst und blitzschnell, weil Anna ja zurück an den Herd musste. So funktioniert Italien, und anders funktioniert es nicht; anders hätte Anna Monate gewartet und einen Tag verloren.

Ja, es hat seine schönen Seiten, das *Trattoria*-Leben. Beispielsweise wirft das Lokal ein schönes Geld ab. Aldo und die Schwiegersöhne fahren allesamt Mercedes, auch aus Wertschätzung für deutsche Art und Arbeit, wie er sagt. Die Familie besitzt ein paar Immobilien in Rom, Häuser und Geschäftslokale in Annas Heimatdorf Moricone draußen im Sabiner-Land, und wenn Aldo, der Jäger, sich für fünftausend Euro einen Jagdhund kaufen möchte, ist das finanziell kein Problem.

Die eigentliche Genugtuung aber ist etwas anderes, sagt Aldo, während er an einem der Tische auf der Piazza die eben eingetroffenen Steinpilze aus Kalabrien säubert. Dass man Anerkennung bekommt; dass eine Zeitschrift das Lokal empfahl; dass der spanische Regisseur Pedro Almodóvar, ein *amico*, im Fernsehen vom Pommidoro sprach; dass TV-Stars zum Essen da waren, auch der Komiker Benigni und der Verleger Einaudi. Der Uni-Rektor kommt, der Bezirkspräsident, ein paar Politiker, berühmte Künstler wie Nunzio und Pizzi Cannella. »Wenn ich diesen Beruf nicht hätte, dann würde ich in meinem bescheidenen Leben diese Leute nie treffen«, sagt Aldo. »Wenn einmal Helmut Kohl in Rom wäre und zum Pommidoro käme – da würde ich mich aufpumpen!«

Früher war auch der Dichter und Filmer Pier Paolo Pasolini regelmäßig zu Gast, oft hat Aldo mit ihm geplauscht. Einmal brachte er Maria Callas mit. Und 1976, am Vorabend seiner Ermordung, aß Pasolini im Pommidoro wie üblich Beefsteak mit *mozzarella*; der Scheck, mit dem er zahlte, elftausend Lire, hängt bis heute eingerahmt am Kücheneingang.

Solch ein Souvenir entschädigt für Strapazen, die nie enden. Es ist ja nicht vorbei, wenn nachts um halb zwei der Rollladen der Eingangstür zu Boden rasselt und die Schwiegersöhne die Mercedes anwerfen. Während sie die dreiundvierzig Kilometer hinausfahren nach Moricone, wo sie alle wohnen, während Aldo auf dem Rücksitz kurz einnickt, ist ein Gewährsmann schon unterwegs zum Schlachthof, um frisches Lammgedärm zu holen. Angekommen auf dem Landgut, das Aldo und Anna sich außerhalb Moricones auf fünf Hektar grüner Einsamkeit errichtet haben, füttert Aldo noch im Lampenlicht die Hunde im Zwinger und Anna schaut nach der Voliere, in der sie bunte Vögel hält, darunter zehn Pfauen.

Moricone ist Heimat, Flucht- und Ruhepunkt, auch Rohstoffbasis. Aldo hat hier draußen den Wein gepflanzt, den er im Pommidoro ausschenkt, von hier kommt das Öl, hier wachsen die Desserts auf Bäumen: Birnen, Feigen, Pfirsiche oder Kirschen. Ardian und Zamir, die beiden Küchenhelfer, pflücken das Obst am anderen Morgen, schütten den Hühnern die mitgebrachten Essensreste aus dem Pommidoro hin, sammeln die Eier aus den Nestern, zapfen Wein. Beim Bäcker im Ort haben sie schon einen Sack frisches Brot geholt, Aldo hat Fisch bestellt am Telefon und Anna füllt eine Waschmaschine, die sie erst nächste Nacht leeren wird; gebügelt wird am Sonntag.

Kaum sechs Stunden hat die Ruhe gewährt, schon ist ein neuer Arbeitstag im Rollen, schon sitzen wir wieder im Mercedes Richtung Rom, unterwegs zum Großmarkt in Santa Lucia, um kistenweise Salat, Gemüse und Kräuter zu laden. »Das ist mein Moment der Entspannung«, sagt Anna, während sie auf dem Beifahrersitz die Zeitung entfaltet. Und Aldo, jetzt am Steuer, knurrt: »Ich habe keinen Augenblick Freiheit.«

Aldo hat, kaum dass der Rollladen des Pommidoro wieder hochgezogen ist, zu tun mit Lieferanten. Die Lämmer aus dem Molise treffen ein, das Schweinefleisch, Kaffee, Mineralwasser, gereinigte Tischdecken. Aldo kontrolliert alles, man muss auf der Hut sein »in diesen unehrlichen Zeiten«. Vom *Pasta*-Lieferanten verlangt er, dass der die Nudeln in einem besonderen, unüblichen Maß schneidet, damit er ihm keine Reste von gestern andrehen kann. Und bezahlt wird sofort in bar, damit es hinterher keine Händel gibt.

Es geht auf elf, Anna wirft die Gasflammen an, greift zur dreigezinkten Gabel, bereitet Saucen vor. Tochter Dina putzt Zichorie, Zamir schneidet Zucchini klein, Aldo steckt Lamminnereien auf den Grillspieß und wickelt Lammdarm darum, *pajata* heißt diese Spezialität.

Schwätzen wir von Familienangelegenheiten. Wie läuft das im Familienbetrieb? War kein bisschen Ernst dabei, als Amedeo gestern scherzte, die Schwiegersöhne würden sich am liebsten auf und davon machen? Wer bestimmt in der Familie, ist Aldo der große Patriarch?

O, welch Grinsen überläuft da die Gesichter der beiden Frauen. Anna wedelt verneinend mit dem Zeigefinger und Aldo fällt lachend ein: »Sie hat mehr Macht als ich, weil die Töchter immer auf ihrer Seite sind.« Nichts Genaues hört man nicht, Anna führt die Kasse, Aldo das Kommando, es kommt vor, dass aus der Küche lautstark seine Stimme dringt. Vermutlich muss man Italiener sein, um solch ein Familienleben in seinen tausend Tönungen zu fühlen. Jedenfalls sagt Aldo: »Ohne Familienangehörige gehst du ein mit einem solchen Betrieb, das ist ein anderer Geist.« Jedenfalls meint Mario: »Besser in der Familie arbeiten als unter einem Chef.« Und jedenfalls berichtet Amedeo, dass die Großfamilie im August, wenn der Pommidoro Sommerpause macht, gemeinsam in Urlaub fährt, letztes Jahr nach Griechenland, *amici* waren auch dabei, im Ganzen sechsunddreißig Personen. »Entweder sind wir verrückt oder wir mögen uns gerne«, sagt Amedeo. Dieses Jahr geht es nach Sardinien.

Dina schnippelt Bohnen, Aldo hackt nun Rindersteaks und Anna richtet einen Kalbsrollbraten her. »Schau her«, ruft sie. »Es muss das Rückenstück vom Kalb sein, die Rippen werden ausgebeint.« Man nehme also Karotten, Schweinebacke, Sellerie, gekochte Eier und Butter, lege dies auf dem Rückenstück längs in einer Reihe aus, würze mit Pfeffer, Salz und Rosmarin. Sodann wird die Füllung in den Fleischlappen eingewickelt und verschnürt. Anna packt die dreigezinkte Gabel, dreht die Flamme auf, die Hitze wallt, das Fleisch kommt in den Topf. Bald wird Aldo wieder die Serviette schultern, ein Schwiegersohn wird die erste Portion *spaghetti alla carbonara* ordern, gegen Abend werden Anna und Aldo ein Stündchen vor dem Fernseher dämmern und dann wird es wieder Nacht.

Anna zieht die weiße Schürze und die Haube aus, die sie seit dem Morgen trägt. Den Dreizack hat sie fortgelegt, die Flammen gelöscht, längst ist das Rattern des Kreditkartengeräts und das Klappern der Geschirrwäsche verklungen. Wie immer und noch immer ist Anna gut gelaunt, als schöpfe sie aus ihren Töpfen schiere Lebenslust und Kraft. Sie hat vorhin Benito mit einer Melonenschale verfolgt und grinsend ein Schlagerchen geträllert: »Das Leben ist ein Paradies der Lügen.« Da durfte Aldo sich gefoppt fühlen: »Er hat mir ein schönes Leben versprochen, und jetzt das hier.« Und nun, Anna?

Nicht müde nach der Schlacht? »Nein«, sagt Anna und lacht, »jetzt würde ich tanzen gehen.« Und hat den ganzen Tag noch nichts gegessen als ein Stückchen Fisch.

Klaus Brill

Kreuzzug für die Pizza

Wie Römer, Amerikaner und EU-Bürokraten Kulturgut verschandeln

In Amerika, so wird erzählt, halten sie die *pizza* tatsächlich für ihre eigene Erfindung. Und das ist noch nicht einmal verkehrt, denn was in den USA in Pizzerien und Fast-Food-Ketten als *pizza* verkauft wird, hat mit dem Original so viel zu tun wie der Dackel mit dem Wolf.

Vor ein paar Jahren hat ein amerikanischer Präsident zum ersten Mal eine neapolitanische *pizzeria* besucht, ein ebenso typisches wie enges Loch an der Via dei Tribunali. Das Foto kam in die Weltpresse, doch niemand erfuhr, wie enttäuscht der *pizzaiolo* war vom damals mächtigsten Mann der Welt: Bill Clinton war die ihm angebotene Napoletana viel zu karg vorgekommen und er hatte gefragt, ob man nicht noch etwas drauflegen könne. Paprika, *salami* und, warum nicht, auch noch ein paar Pilze. Genau wie in Amerika.

Für die Geschichte verbürgen sich enge Freunde von Clintons *Pizza*-Bäcker; er selbst erzählt sie nicht so gern, denn die Fotos des Präsidenten hängen noch immer in seiner Bude.

Weil die Neapolitaner neugierig sind, Amerikaner mögen und sich überhaupt allen Fremden gegenüber verpflichtet fühlen, gehen sie gern dort essen, wo der Präsident seine *pizza* verzehrt hat. Auch wenn der nichts von der *pizza* verstehen mag, ist er doch als Reklamefigur am Decumano

Maggiore vermutlich nur noch vom Papst zu übertreffen.

Der Papst lebt in Rom, und dort sagen sie verächtlich *è una pizza*, wenn sie ausdrücken wollen, dass etwas langweilig, ja störend ist. Die römische *pizza* ist ein Abklatsch des neapolitanischen Originals, ihr Teig ist so dünn, dass man den Teller darunter ahnen kann, er matscht unweigerlich nach fünf Minuten durch, dann vermengt sich die Tomatensauce darauf mit dem schwarzen *Pizza*-Boden, und die ganze *pizza* schmeckt nach Holzkohle. Das ist Rom, wo sie längst *pizza* mit Speck oder Kartoffeln verkaufen, *pizza* mit Nutella oder *pizza* mit *bresaola* und *rucola*, so wie sie vermutlich auch ihre eigene Großmutter verkaufen würden und die Fontana di Trevi – der legendäre neapolitanische Komiker Totò hat das schon richtig erkannt. Richtige Römer mögen keine echte *pizza*, sie rümpfen tatsächlich die Nase über das einfachste und edelste Gericht der neapolitanischen Küche, sie meinen, auch das könnten sie noch besser, und es ist unnachahmlich, wie römische Damen in der *pizzeria* befehlen: »Mi raccomando la *pizza*. Sottile, sottile.« Sie haben keine Ahnung, genau wie die in Brüssel.

Vor ein paar Jahren wollte die EU-Kommission eine Richtlinie erlassen, eine Norm für die *pizza*. Achtundzwanzig Zentimeter Durchmesser groß, zweihundert Gramm schwer, der Rand nicht höher als fünfzehn Millimeter. Eine Art DIN für Tiefkühl-*Pizza*, so viel war eigentlich klar, aber in Neapel fanden sie die Sache nicht lustig. Die *Pizza*-Bäcker probten den Aufstand, die Zeitungen liefen mit Protestschreiben über und aus Brüssel kam ein halbes Dementi: »War nicht so gemeint, ihr könnt weiterbacken.« Bis zur nächsten Norm. Da wollten sie nämlich dem Holzofen an den Kragen, zu unhygienisch, womöglich krebserregend, was man sich eben als Brüssel-Bürokrat so einfallen lassen kann an einem verregneten Tag mit einem von Pommes frites beschwerten Magen.

Ganz Europa wird vielleicht eines Tages die Brüsseler Norm-*Pizza* essen, nur die Neapolitaner nicht. Um ihr angestammtes Kulturerbe und ihren Berufszweig zu schützen, haben sich die *pizzaioli* zu einem mächtigen Verband zusammengefunden, der Associazione Vera Pizza Napolitana. Ihr Symbol ist ein *pulcinella*, eine Narrengestalt, mit einem *Pizza*-Brett, wie es für den Holzofen benötigt wird. Im Hintergrund raucht der Vesuv, es ist das Emblem für einen Kreuzzug.

Seit der Gründung 1984 tragen viele *pizzerie* in Neapel und neuerdings auch in anderen Städten das Vereinssymbol neben dem Wirtshausschild, versehen mit einer Nummer. Die Nummer 1 befindet sich neben der Kirche Santa Brigida unweit der Via Toledo: Hier residiert seit 1850 Ciro a Santa Brigida, eines der renommiertesten Lokale der Stadt. Der Besitzer Antonio Pace backt im Lokal seiner Großeltern schon lange nicht mehr selbst die *pizza*. Durch und durch Geschäftsmann ist er: teure Krawatte, feine Brille, Maßanzug. Nur der fesche Schnurrbart ist aus seinen eigenen *Pizza*-Bäcker-Zeiten geblieben. Und obwohl sein Nachname Pace übersetzt nichts anderes als Frieden bedeutet, ist Don Antonio heute der Wortführer der ganzen Zunft. Jedes Mal, wenn in Brüssel eine neue Absurdität erfunden wird, geht er auf die Barrikaden. »Das fehlte noch, dass die Nordlichter uns erzählen, wie man richtig *pizza* bäckt«, sagt Pace dann, und: »*Pizza*-Backen ist eine Kunst und keine Frage von Millimetern.« *Pizza*-Backen ist darüber hinaus auch ein nicht unbedeutender Wirtschaftszweig in Italien, und in Neapel erst recht.

Bis kurz nach dem Zweiten Weltkrieg aß man *pizza* nur in den *vicoli,* den Gassen, zwischen Piazza Mercato und Santa Lucia. In Rom, in Mailand gab es noch 1950 höchstens zwei *pizzerie*. »Die süditalienischen Gastarbeiter haben der *pizza* zum Siegeszug verholfen«, erzählt Neapels Ober-*Pizzaiolo* und setzt geringschätzig hinterher: »Die waren aber alle keine richtigen *Pizza*-Bäcker, denn Neapels *Pizza*-Bäcker, Gott sei Dank, die mussten noch nie emigrieren.«

Die Zahl der *pizzerie* ist unübersehbar, wenn man auch noch die vielen Straßenverkaufsstände hinzurechnet, an denen immer noch für weniger als einen Euro eine runde *pizza* verkauft wird. Längst hat sich auch in Neapel die Überzeugung durchgesetzt, dass man ein mit gewissen Garantien ausgestattetes Nahrungsmittel weitaus besser verkaufen kann als industrielle Massenware, zumal, wenn es sich um ein derart mythisches Gericht handelt wie die *pizza*.

Um ihre Erfindung ranken sich natürlich Legenden. Sie soll von römischen Legionären in Palästina gemacht worden sein, wird erzählt, oder von den alten Ägyptern. In Wirklichkeit handelte es sich bei diesen *pizze* wohl eher um Fladenbrote, die mit Kräutern und Öl eingepinselt wurden. »Sicherlich haben alle armen Völker auf der Welt ihre eigenen Varianten von Teigwaren aus Wasser und Mehl, wie die mexikanischen Tortillas oder die indischen Chiapati beweisen«, schreibt der neapolitanische Adlige Egano Lambertini in einem Traktat über die Küche seiner Heimatstadt. »Doch benötigten all diese brotähnlichen Erzeugnisse Saucen und Beilagen nach dem Backen. Die wahre Erfindungstat der Neapolitaner bestand darin, dass sie sämtliche Zutaten schon mit in den Ofen schoben und diese sich während des Backens zu einem unvergleichlichen Geschmack homologisierten.«

Das geschah nicht vor dem Ende des 18. Jahrhunderts, als in Neapel die ersten Tomaten eintrafen. Lange Zeit aß man trotzdem die Pizza auch ohne den Saft der exotischen Gewächse. Ferdinand II. liebte außer den *maccheroni* und der *caponata* (eingeweichtes Brot mit Öl, Knoblauch und Oregano) die *pizza* so sehr, dass er in seinem Schloss auf Capodimonte einen *Pizza*-Ofen bauen ließ. Als der Franzose Alexandre Dumas 1837 nach Neapel reiste, existierte schon *la pizza oggi a otto,* also die Arme-Leute-*Pizza,* die die *Pizza*-Bäcker an ihren freien Tagen in der eigenen Nachbarschaft verkauften und sich erst in der darauf folgenden Woche bezahlen ließen – eine geniale Marketingidee, denn eleganter kann man seine Kunden kaum an sich binden. Dumas, der selbst keine *pizza,* sondern nur Muschelsuppe mochte, mutmaßte hinter dem mysteriösen Namen *oggi a otto* (heute bis acht, also: bis nächste Woche) einen speziellen Teig, der acht Tage lang ruhen musste.

Noch ein Menschenalter sollte verstreichen, bis die Stunde des *Pizza*-Bäckers Raffaele Esposito schlug. Esposito hatte den Auftrag, König Umberto I. von Savoyen während seines Aufenthaltes in Neapel eine *pizza* zu liefern, und er erfand eine Kreation in den Nationalfarben Rot, Weiß, Grün mit Tomaten, *mozzarella* und Basilikum, die er zu Ehren der Königin *Pizza Margherita* nannte. Es wurde dann die berühmteste *pizza* der Welt. Espositos Nachfahren, die Brandi, betreiben noch heute ihre *pizzeria* in einer Seitenstraße der Via Chaia, es ist nicht die älteste *pizzeria* Neapels und auch nicht die beste, aber mit Sicherheit die bekannteste.

Wenn das kein Kulturgut ist! Antonio Pace und seine mittlerweile über hundertsechzig Mitstreiter haben durchgesetzt, dass an der Universität Neapel ein Regelkatalog für echte *pizza* erarbeitet wurde. Danach gehören zum Teig einer echten *pizza* ausschließlich die Zutaten Mehl, Hefe und Wasser. Der Teig muss mit den Händen (oder mit einem vom Verband ausgesuchten Mixer) geknetet und ausgezogen werden. Keinesfalls ist dabei ein Nudelholz zu verwenden. Die *pizza* wird dann im Holzofen gebacken, und zwar auf dem nackten Boden desselben, der aus vulkanischem Stein zu sein hat. Zugelassen sind nur vier Sorten von *pizza*: Die *Marinara* oder *Napoletana* mit Tomaten, Olivenöl, Oregano und Knoblauch, die *Margherita,* die *Calzone* mit *ricotta,* Kuhmilch-*Mozzarella,* Olivenöl und *salami* und die *Formaggio e Pomodoro* mit Tomaten, Olivenöl und Parmesan. Basilikum darf immer hinzugefügt werden, bei allen anderen Beilagen ist die Verbandsführung um Rat zu fragen.

»Die *pizza napoletana* hat keine Erfinder, sie hat keine Väter und keine Herren«, hat Pace ins Verbandsstatut geschrieben, »sondern sie ist Frucht der Genialität des neapolitanischen Volkes.« Wer mag da widersprechen? Amerikaner und Brüsseler Bürokraten sollen es sich hinter die Ohren schreiben! Übrigens: Was den Holzofen betrifft, ist die EU doch noch eingeknickt. Artikel 13 der neuesten EU-Norm erlaubt den Mitgliederstaaten »traditionelle Methoden in jeder Produktionsphase typischer Lebensmittel.« Antonio Paces Lobby kennt eben keine Grenzen, genau wie die *pizza*.

Birgit Schönau

Und Cristina holt den Schraubenzieher

Eine Powerfrau im Eissalon zwischen Grenadinegläsern, Familientradition und Komplimenten

Manchmal, wenn der Sommer so heiß ist wie in diesem Jahr, beginnt Cristinas Tag damit, dass sie den Schraubenzieher holt. Fabio schläft noch die Erschöpfungen der nächtlichen Vergnügungen aus, während seine Mutter sich in die Kühltheke beugt und die Schrauben der Abdeckung lockert. Verschlungene Kabel werden sichtbar, ein beunruhigendes Rattern dringt aus der Tiefe der Apparatur. »Da ist ein Lüftungsrad drin, das macht Lärm.« Vielleicht hat sich wieder Kondenswasser oder Eis am Motor gebildet, da wüsste eine Frau wie Cristina sich zu helfen. Aber diesmal muss es etwas anderes sein. Sie ruft Ercole, den Mechaniker, an, zapft sich einen kalten Tee und zieht ihre Schürze über.

Im Lokal liegt das träge Summen, das den Sommer auch bei vierunddreißig Grad Celsius erträglich macht, jener Brummton des Behagens, den in mannigfacher Abstufung die Eistheken und -schränke erzeugen. Tröstende Kühle verströmt im Raum. Ein Windstoß bauscht draußen vor der Tür, wo Cristinas schwere Suzuki GS 550 E steht, die gelbe Markise mit der Inschrift »Fassino« auf und bringt drinnen über der Rechenmaschine die drei silbernen Lampenschirme zum Schwanken, deren Aufsatz der Aufbewahrung von Kleingeld dient.

Alles ist in dieser Stunde vor Mittag, in der die

Eisfrau die Bänke vor die Tür stellt und ihr Tagwerk beginnt, schon in jener gleichmäßigen Bewegung, die der Hitze ihre Beherrschbarkeit anzeigt. Am Schaufenster, gleich unter dem Ehrenplatz, den Cristina dem Foto ihrer starken Urgroßmutter Annunziata gegeben hat, rührt es mechanisch in kaltem Kaffee und in kaltem Tee. Und in der Mitte des langen Tresens drehen sich schlangenartig vier flache Spiralen in Plexiglasgefäßen, deren Rundungen mit feinen Tröpfchen beschlagen sind. Grenadine wird hier umgewälzt, nach Geschmäckern getrennt: Zitrone, Orange, Sauerkirsche und Tropical, knallgrün. Wer davon trinkt, dem wird kühl und süß.

Sommertag im Eissalon. Die drei Bauarbeiter sind wieder da für drei große Portionen, ein Lieferant bringt tiefgefrorene Himbeeren und feilscht um den Preis. Im Grenadineglas wird die Zeit umgeschichtet und Cristina erzählt Geschichten aus dem privaten Leben, das so italienisch ist und gar nicht nur privat. Vierzig Jahre ist Cristina Vesco alt, Inhaberin einer *gelateria* in der Via Bergamo Nr. 24 in Rom, eine Frau, der ihre Unabhängigkeit so wichtig ist wie der Kontakt mit Menschen. »Ich muss mitten unter den Leuten sein«, sagt sie, »was mache ich sonst mit meiner Energie?«

Cristina Vesco verkörpert einen Typus jüngerer italienischer Frauen, die unternehmungslustig, selbstbewusst und anspruchsvoll ihre Rolle in der Gesellschaft neu erleben und begreifen wollen. Attraktiv, charmant, schlagfertig, berufstätig – vor uns steht die Powerfrau *all'italiana*, die Wert auf modische Kleidung und den Respekt ihrer Umwelt legt.

Vor vier Jahren hat Cristina nach siebzehn Jahren Ehe ihren Mann verlassen, an einem Tag im Juni, als sie mit dem Mann und den beiden Söhnen zu Tische saß und erlebte, dass die Söhne genauso am Essen herummeckerten wie der Mann. Da ist sie aufgestanden, hat Kleider und eine Decke in den Koffer gepackt und ist gegangen. »Das war mein erster Tag der Unabhängigkeit«, sagt sie heute. »Ich bin eine Frau, die nicht fähig ist, sich zu unterwerfen.« Und fügt nach einer Pause hinzu: »Außer wenn ich es selbst entscheide. Und nur aus Liebe.«

Frauen, sagt Cristina, haben nicht weniger als Männer, sondern mehr. Frauen geben Leben und begehen weniger Morde. Frauen üben in Italien zwar schon lange ein verdecktes Matriarchat aus, aber nun ist es genug mit nur Kinder, Küche, Kirche. Cristina glaubt an Gott und an den wundertätigen Pater Pio, »aber es gelingt mir nicht, katholisch zu sein«. Weil da Frauen nichts dürfen.

Gut erinnert sie sich, dass ihr erster Wahlakt mit achtzehn Jahren die Teilnahme am Scheidungsreferendum war, und natürlich hat sie damals die Einführung der Ehescheidung in Italien befürwortet. Unvergesslich ist ihr, wie der Vater sie, als sie vor Jahren den in eine Krise geratenen elterlichen Hotel- und Gaststättenbetrieb übernehmen wollte, abwies mit den Worten: »Nein, du bist eine Frau.« Sie hat ein Pub aufgemacht und zeitweise mehr verdient als er. Und nicht zufällig hat sie 1997 mit ihrer Schwester als Tag für die Eröffnung der Eisdiele Fassino den 8. März gewählt, den Frauentag.

Es lag in der Familie. Fassino ist die Verkleinerungsform von Fassi, und dieser Name steht in Rom für eine lange Tradition der Eisproduktion. Annunziata Fassi, Cristinas Urgroßmutter, hat einst in Sizilien ihren Mann verlassen, weil der sie geschlagen hatte. Sie ging nach Rom und eröffnete in einer Villa des Fürsten Torlonia an der Piazza Fiume ein Hotel mit Gartenlokal nebst Eisverkauf. »Königreich des Eises« lautete die Reklameschrift am Dach, und ein anderer, verfeindeter Zweig der Familie führt bis heute den »Palast der Kälte«. Urgroßmutter Annunziata lieferte sogar dem Diktator Mussolini sonntags Eis; Mussolini gewährte ihr zehn Jahre Steuerfreiheit, und man weiß nicht, ob sie diese Vergünstigung über Mussolinis Schwester erreichte »oder über den berühmten roten Salon, in dem der Duce die schönen Frauen empfing«, sagt Cristina.

Jedenfalls ist die Urgroßmutter ihr ein Vorbild an Tatkraft und Gewitztheit, und jedenfalls heißt ihr Salon auch deshalb Fassino, weil dies eine der Eissorten war, die Annunziata erfand, weiß mit Schokolade drum herum. Und mag diese Vergangenheit auch ein »enormes Gepäck« darstellen, so sieht Cristina sie doch auch als Ermunterung zu eigener Tat.

Fabio ist endlich eingetroffen, verspätet, und Cristina hält ihrem neunzehnjährigen Sohn eine gedämpfte Gardinenpredigt, deren Wirkung unter seinen flehenden Blicken und Koketterien bald verfliegt. Groß und stark ist der Kerl, einen Meter zweiundneunzig hoch, und doch musste Cristina selber die Kisten mit achtzig Litern Milch, zwanzig Kilo Zucker und dem Milchpulver schleppen, die der Milchmann vorhin angefahren hat. Und der Fruchtsalat, mit dem manche Kundin ein ganzes Mittagessen bestreitet, ist auch noch nicht fertig. Cristina gibt Fabio das Obst zum Schneiden und gießt literweise Milch aus viereckigen Papptüten in die Pasteurisiermaschine, die in ihrer Werkstatt steht.

Auch diese Werkstatt, rückseitig hinter dem Lokal gelegen, ist erfüllt vom polyfonen Gebrumm der Kühlschränke und Eismaschinen, die jeden Monat für mehr als fünfhundert Euro Strom verbrauchen.

Ja, es ist reichlich Energie vonnöten, wenn etwa fünfzig Liter Milch, versetzt mit Schokoladenpulver, einer Handvoll Kaffee und acht Kilo Zucker in der Pasteurisiermaschine erst auf fünfundsechzig Grad erhitzt und dann auf wenige Grad über null abgekühlt werden sollen. Schokoladeneis wird gebraucht, auch für die hellen Eissorten entsteht in ähnlicher Art eine Grundmischung, die in der Eismaschine mit weiteren Zutaten vermengt wird. Aus dem Einguss des Geräts hört man ein seltsames Schlabbern, wenn sich in der Trommel die Melange wälzt, während außen das Absinken der Temperatur auf minus vier Grad angezeigt wird.

Cristina hantiert mit Mixer, Gummispachtel, Schneebesen und Schaufel, rührt und mengt und presst und mischt. »Die Arbeit ist hart wie die Arbeit eines Maurers, aber sie ist kreativ«, sagt sie und lässt die Muskeln am Oberarm spielen. Das fertige Eis füllt sie in Wännchen, die in die Kühltheke gehängt werden, auf der Oberfläche stets mit einem Wellenrelief verziert, als müsste das Eis onduliert sein. Doch kein Gerät ist so wichtig wie die große Waage, auf der die Eisfrau nach Hausrezept die Zutaten bemisst. Ein echter *gelato* schmeckt nur, wenn er ausgewogen ist.

Es ist schon vorgekommen, dass Cristina nicht präzise auf die Mengen achtete, weil sie an den Steuerberater oder andere Unannehmlichkeiten dachte, und das Eis danebenging. Und regelmäßig errät ihre Freundin Laura, die Grafikerin aus der Nachbarstraße, die quasi täglich vorbeikommt, beim Eislutschen Cristinas Stimmungszustände. Gestern war sie sehr gut drauf, sagt Laura, ihr Eis war wundervoll. Und neulich hat sie gute Ratschläge gegeben für Lauras Ehekrise.

Eissalons sind Orte der kurzen Begegnung und des kleinen Vergnügens. Frauen und Männer jeden Alters und aller Klassen suchen Erfrischung an Cristinas großer Theke, in der vierundzwanzig Eissorten lagern, nach Farbe und Geschmack geordnet und laufend frisch hergestellt; Schokolade, Creme und Nuss gehen am besten. In elf Spielarten wird zudem *granita* offeriert, das feinteilige Wassereis, das mit Zucker und Früchten, Sirup oder Kaffee versetzt wird.

Sie suchen Rast vor diesem Schaufenster der Schleckereien, der schwitzende Mann mit der schweren Reisetasche, der senegalesische Straßenhändler, die alten Ehepaare aus dem Viertel und die Händler aus der Nachbarschaft. Mitunter füllt sich das Lokal in einer einzigen Minute, viertelstundenlang sind die vier Tischchen und die Stühle allesamt besetzt, und plötzlich ist dann wieder alles gähnend leer. Mal steht Freundin Ada, die Immobilienagentin, in der Tür und berichtet von amourösen Abenteuern, mal regt sich fluchend der Anwalt vom Haus nebenan darüber auf, dass draußen jemand das Moped seiner Tochter zur Seite geschoben hat.

Eine Kundin zeigt auf den Eisschrank, der im Raum steht, und auf Cristinas Gesicht legt sich der Schreck: Irgendwie ist das Gerät wohl ausgegangen, die Eistörtchen, die darin lagen, sind geschmolzen. »Das ist Geld«, sagt Cristina. Achtzig Euro sind verloren, allerhand bei einem Tagesumsatz von etwa zweihundertfünfzig Euro.

Radiogedudel übermalt das Rauschen der Kühlgeräte und der Klimaanlage, Fabio sitzt auf dem Barhocker und klebt Etiketten auf die Styroporbehältnisse, in denen die Leute Eis mit nach Hause nehmen. Der Neunzehnjährige hilft seiner Mutter im Geschäft, eine technische Schulausbildung hat er vorerst abgebrochen. Seine Zukunft liegt im Vagen, schwärmerisch kostet er die Privilegien der Jugend aus, ein römischer *ragazzo,* der stolz darauf ist, ein *latino* zu sein, der an dunkelhäutige Frauen denkt und der jede Nacht, wenn um 0.30 Uhr die *gelateria* schließt, mit seinen Freunden durch die Stadt zieht. Freund Mauro, der Kellner, ist außer Cristina der einzige Mensch, dem Fabio sein Moped leiht, nicht einmal dem eigenen Bruder würde er es geben.

Bruder Marco, mit zwanzig Jahren der Ältere, hat zur größten Zufriedenheit der Mutter soeben mit Bravour seine Ausbildung zum Werbegrafiker beendet und lebt beim Vater, der in einem anderen Stadtteil ebenfalls eine Eisdiele hat. Cristina war erst neunzehn, als sie heiratete. Länger als zwei Jahre hat sie, nachdem die Söhne geboren waren, nicht Hausfrau sein mögen. Sie arbeitete im elterlichen Hotel wie in dem Pub und der Kaffeebar, die sie später mit ihrem Mann betrieb – immer im Kontakt mit Menschen, was sie als ihren eigentlichen Beruf ansieht. Damals an der Hotelrezeption hat sie Leute vom Film getroffen, Sergio Leone, Robert De Niro und Federico Fellini. Marcello Mastroianni hat ihr den Hof gemacht, sein Foto mit Widmung hängt im Salon in der Via Bergamo an der Wand.

Auch an ihrer kühlen Theke lernt Cristina viele Männer kennen, erhält Einladungen, Telefonanrufe und – wir sind in Italien – tausend Komplimente. »Was für ein gutes Eis«, flöten die Charmeure, »von einer schönen Eisfrau hergestellt.« Neulich war ein Alter da, der sagte: »Ha, die schönen Frauen von einst, *complimenti, complimenti,* halten Sie sich so.« Ach, und die Männer von einst, sagt Cristina, die gibt es nicht mehr – die einer Frau den Hof machen und sie wirklich haben wollen. »Es ist sehr schwer, einen echten Mann zu finden.« Viele Männer sind verunsichert von den neuen, starken Frauen. Gestern Abend war sie aus mit jemandem, essen und am Kapitol spazieren, sehr romantisch, »vielleicht erlebe ich gerade eine neue Liebe«.

Eis zerschmilzt auf Zungen, Kühle verströmt im Raum und im Grenadineglas wird sinnfällig, wie die Zeit vergangen ist. Fotos der Ahnen aus den Zeiten des »Königreichs des Eises« hängen an den Wänden und Cristina erzählt. »Beim ersten Regen im Oktober kommt niemand mehr«, sagt sie. Dann wird sie die Leute locken mit Crêpes und *brivido caldo*, dem »heißen Schauer«, den sie erfunden hat: schmelzendes Eis verschiedener Sorten mit Sahne. Und diesen Herbst wird sie ein neues Rezept erproben, aus dem Piemont: in einem kleinen Glas ein Schuss Espresso mit zerlaufendem Schokoladeneis, darüber wird Orangenlikör gegossen. Damit das Eis auch schmeckt und tröstet, wenn in der Stadt nicht mehr die Hitze herrscht.

Klaus Brill

Wer wird denn gleich fasten

Die Römer überlassen freiwillige Selbstkasteiung gern den Profis

Das Lamm hängt in Mario Vettas Schaufenster, ein langer, schmaler Rücken, der in einem rührenden Stummelschwänzchen ausläuft, der blutige Kopf mit den leeren Augenhöhlen. Vorsichtig lösen Vettas kurze, dicke Finger es vom Metzgerhaken. »Ganz zart«, murmelt er, und streichelt mit den Augen den Rücken entlang. »Ein Milchlamm aus den Abruzzen.« Eine Signora im schwarzen Kostüm, den Hals und die Ohren schwer mit Gold behängt, lässt sich die Schulter auslösen. Eine andere hat Mario Vetta leer ausgehen lassen. Die Dame wollte ein Spanferkel, aber dazu braucht der Metzger eine Vorbestellung. An der Via Alessandria in Rom blühen die Bäume. Ein Freitag in der *quaresima*. Fastenzeit.

»Ach ja«, sagt Vetta. »Am ersten Freitag nach Aschermittwoch war mein Laden leer. Auch am Karfreitag werden sie auf Fleisch verzichten. Dazwischen …«, er lächelt breit und lässt seine Arme eine unendlich lange Zeitspanne anzeigen, »dazwischen haben sie's wohl vergessen.« Jawohl vergessen, bestätigt die Fischhändlerin Lucia auf der anderen Straßenseite. »Kein Gramm Fisch mehr haben wir in den Wochen vor Ostern verkauft. Nicht weil er zu teuer wäre, teuer ist er ja das ganze Jahr. Nein, in dieser Stadt leben einfach keine Katholiken mehr. Nur zu Karfreitag wollen sie alle Fisch. Goldbrassen, Seebarben, Rombo und Garnelen. Und, natürlich, die kleinen Fische für die *frittura*.« Mit den Fischen in der Tasche gehen die Kunden dann rüber zu Metzger Vetta, Lamm oder Zicklein bestellen. Zwanzig junge Ziegen und vierzig Lämmer wird er verkaufen in seinem winzigen Laden, wird sie mit den Messern auf dem uralten Marmortisch akribisch zerkleinern und seine Frau wird an der Kasse sitzen und viele Euroscheine annehmen. Am Samstagnachmittag schließen die Vettas. Dann ist Ostern. Und Ostern wird gevöllert.

Ostern ist das Ende der katholischen Fastenzeit. Im italienischen *quaresima* stecken die vierzig Tage Dauer, aber von Enthaltsamkeit ist da nicht die Rede. »Fastan« wurde von den Ostgoten erfunden, es bedeutet ursprünglich bewachen, festhalten – an den Vorschriften der Kirche nämlich. Die spät christianisierten Germanen nahmen wie für glühende Konvertiten üblich alles furchtbar wörtlich. In Rom aber, wo sie für ihre alten Götter flugs neue Heilige fanden und den Handel mit Knochen und anderen Reliquien schnell zum Big Business ausbauten, in Rom also, der alten und neuen Hauptstadt des Abendlands, fastete damals wie heute außer dem Papst kaum ein Mensch.

»Fasten« hieß es schon im 5. Jahrhundert auch bei den Slawen. Aber den Römern das freiwillige Hungern beibringen zu wollen, ist ein kulturhistorisches Missverständnis. Es gibt keine Fastenküche in Rom. Man hält hier nicht viel von Selbstkasteiung für ein höheres Ziel. Dafür haben wir schließlich unsere Profis.

Ferdinand Gregorovius hat das beim Quellenstudium für seine »Geschichte der Stadt Rom im Mittelalter« auch entdecken müssen. Er berichtet von dem

Dominikaner Fra Venturino aus Bergamo, der kurz vor Ostern 1334 mit einem wandernden Heer von mehr als zehntausend Menschen in Rom einrückte, die sich, so der gnadenlose Gregorovius, »den sanftmütigen Namen ›Tauben‹ gaben, aber eher wie Heuschrecken die Landschaft durchzogen«. Was geschah: »Die Römer hörten in großer Stille auf die Rede des Bergamasken, aber sie kritisierten seine Fehler im Lateinischen. Er pries Rom als die Stadt der Heiligen, deren Staub man nur mit nackten Füßen betreten dürfe; er sagte, dass ihre Toten heilig, aber ihre Lebenden gottlos seien, worüber die Römer lachten. Sie riefen ihm Beifall zu, als er erklärte, dass der Papst in Rom seinen Sitz haben müsse, aber als er sie aufforderte, ihm das Geld, welches sie für die gottlosen Karnevalsspiele auf der Piazza Navona bestimmt hatten, zu frommen Zwecken darzugeben, fanden sie, dass er ein Narr sei.« An diesem Aschermittwoch hatte Johannes Paul II. zum »Fasten für den Frieden« aufgerufen, sehr zum Unmut der römischen Gastwirte, die in diesen Dingen keinen Spaß verstehen. Dutzende Parlamentarier quer durch die Parteien schlossen sich dem Aufruf an, man befürchtete schon das Schlimmste. Es kam dann aber anders. Zwar hatte das Restaurant Eau Vive in der Nähe des Pantheons demonstrativ geschlossen, aber das wird auch von Nonnen geführt, die zum Hauptgang das »Ave Maria« singen. In den übrigen römischen Schlemmtempeln wurde schon zum Mittagessen zugelangt. Die Zeitung *Il Messaggero* interviewte eine Reihe von Pilgern, die vom Petersplatz und der Papstpredigt direkt an die Fleischtöpfe geschwirrt waren und sich von den Reportern peinlich ertappt fühlten. »Wir haben es ja versucht, aber der Hunger war doch stärker«, war die beliebteste

Ausrede, und der *Messaggero* erteilte verständnisvoll Absolution: »Was zählt, ist die gute Absicht.«

Im Vatikan sieht man das im Prinzip nicht viel anders. »Ich habe nicht den Eindruck, dass hier gefastet würde«, sagt Eberhard von Gemmingen. Der Jesuitenpater leitet das deutsche Programm bei *Radio Vatikan*. Fasten ist nicht unbedingt sein Thema. »Auch in den Ordenshäusern ist außer an den kanonischen Freitagen die Fastenzeit nicht unbedingt sichtbar. Natürlich steht da auch ein wenig *vino* auf dem Tisch. Das gehört doch dazu. Das kann man doch nicht einfach wegnehmen.« Wurde nicht in den Klöstern während der Fastenzeit das Bier erfunden? Wer aber eigentlich in der Kirchengeschichte auf die Idee mit dem Fasten gekommen ist, daran kann sich der weltoffene Jesuitenpater von Gemmingen jetzt auch nicht mehr so richtig erinnern. »Fest steht: In allen Religionen haben die Gottsucher gefastet. Wie verrückt.« Wie verrückt? »Schreiben Sie das ruhig: Wie verrückt.«

Wenn man auf einer römischen Party richtig Eindruck schinden will, erzählt man am besten von »Sieben Wochen ohne«. Das können sie nicht fassen. »Sieben Wochen ohne *was*?« *Sono pazzi questi tedeschi*, haha, die Deutschen. Jahrzehntelang haben wir sie falsch eingeschätzt, dabei sind die ein richtig lustiges Völkchen. Freiwillig fasten, auf's Auto verzichten oder auf gesunden Trash im Fernsehen, von anderen Dingen ganz zu schweigen. »Sieben Wochen ohne« löst ähnliche Reaktionen aus wie die detaillierte Schilderung des deutschen Mülltrennungsrituals. »Warum nur«, fragt Metzger Vetta. »Wenn ich mir selbst etwas versage, geht es den anderen doch nicht besser.«

Einer zumindest hält die Regeln ein, einer neben dem Papst, es ist Roms berühmtester Koch. Ein Deutscher, Heinz Beck, Küchenchef im Luxusrestaurant La Pergola, der »Blonde mit dem sanften Blick« (Italiens gefürchtetster Restaurantführer *L'Espresso*), der seit Jahren die Bestnote in der Kapitale hält. Beck, nach eigenem Bekunden »sehr katholisch«, fastet an seinen freien Tagen strikt. »Kein Fleisch, kaum Fisch, nur Gemüse«, und wenn er in seinem Restaurant alles probiert, dann im Bewusstsein der Gottgefälligkeit: »Ich esse nicht aus Genuss, sondern weil die Pflicht es so verlangt.« Anders seine Gäste. In den Wochen vor Ostern war die Pergola, wie das ganze Jahr über, stets ausgebucht, manche müssen Wochen und Monate auf einen Termin warten, da kann man nicht pingelig sein. Natürlich hat Beck, der »Fischlastige«, am Freitag auch Fleisch auf der Karte, aber in diesem Jahr sei es doch anders gewesen als sonst, berichtet er. »Zwei kamen, die wollten nur Gemüse, ohne Sahne, ohne Butter, und dabei nahmen sie dieses Wort in den Mund, *quaresima*.«

Bei uns, nur um das klarzustellen, gibt's jeden Freitag Fisch. Dabei sind die Kinder evangelisch. »Besser als nichts«, findet die katholische Schwiegermutter. Zur Taufe hatten sie sich seinerzeit ein »Lexikon der Weltreligionen« gekauft. Man lernt ja nie aus. Zu Ostern kommen sie alle, das wird ein großes Fest. »Mach bloß nicht zu viel«, sagt die *suocera*. »Eine Kleinigkeit. Du weißt ja: Wir essen so gut wie nichts.« Aber natürlich weiß ich das, und ich halte mich daran. Seit Jahren gibt es so gut wie nichts zu Ostern, nur eine Kleinigkeit, weil sie ja alle nichts essen. In diesem Jahr wäre das: ein winziges, hauchdünnes Körbchen aus *parmigiano* mit Spargelsalat. Null Kalorien. Dann *fettuccine* mit Artischocken, Sahne lassen wir weg, ordentlich Öl bindet auch. Das Lamm zum Hauptgang könnte mal wieder nach dem Rezept aus den Abruzzen gebraten werden, mit Zitronen und Eiern. Eier müssen schließlich sein. Als Beilage gebackene Kartoffeln. Brauchen wir dann noch Spinat? Oder doch lieber die dünnen *agretti*? Irgendwas Grünes an jeden Gang, Ostern ist das Frühlingsfest. »La Cucina Italiana«, die italienische Kochbibel seit 1929, bietet dieses Jahr Rezepte für zwei verschiedene Ostermenüs, eins in Grün, eins in Gelb. Und zum Nachtisch *colomba classica*. Ohne Pappkuchen kein hoher Feiertag. Obwohl – die Kinder essen lieber Schokoladenpudding. »Ja und die *finocchiona*?«, fragt mein Mann. Himmel, die Fenchelsalami hätten wir fast vergessen. Die bringen wir zum *antipasto*. Genau wie die Oster-*Pizza* von Bäcker Bruno mit Käse und Schinkenstückchen. Naja, nur mal zum Probieren, vorneweg. Wir haben zwar nicht gefastet, aber es hätte ja sein können. Und allein diese Vorstellung reicht uns wirklich aus.

Birgit Schönau

In jedem Korn ein Stück Welt

Mühen und Mühlen: Reisanbau in der Bassa Veronese

Es wird eng, das schon, aber Platz finden sie alle: Signore Cremone und sein Barbierstuhl, die Rincos mit ihrer Hufschmiede, Signora Donatelli samt Stoffen, Garn und Nähmaschine und die Damen Zecchetto, die gleich ihre ganze Bar mitgebracht haben. Fünfzehn Familien flüchten in die Reismühle des Marcello Ferron, als sie in den Wirren des Zweiten Weltkriegs aus ihren Häusern und Höfen vertrieben werden. Man schließt sich zusammen und sucht sich mit vereinten Kräften über Wasser zu halten, jeder mit dem, was er kann und hat. Bald schon ist »La Piccola Italia«, wie die eigenwillige Kommune genannt wird, nicht nur in Isola della Scala, sondern in der ganzen Bassa Veronese bekannt. Die Gemeinschaft, zu der auch ein Pferd und eine Kuh gehören, schlägt sich durch. Die alte Mühle, im Dialekt *pila vecia* genannt, arbeitet Tag und Nacht. Der Reis, der hier geschält wird, macht alle satt.

Doch das ist nur eine Geschichte von vielen. Gabriele Ferron erzählt sie gerne, sie und dazu noch eine Reihe anderer Anekdoten aus seiner Familie. Er ist der Enkel jenes Marcello Ferron, der dem »kleinen Italien« dereinst vorgestanden ist. Zusammen mit seinem Bruder Maurizio führt Gabriele die Antica Riseria Ferron, eine der ältesten noch funktionierenden Reismühlen Italiens. Natürlich sind die Ferrons schon längst in ein modernes Fabriks- und Bürogebäude in Isola della Scala, gut zwanzig Kilometer südlich von Verona, übersiedelt. Doch die Pila Vecia, etwas außerhalb des Ortes im offenen Land gelegen, ist Herzstück des Betriebs geblieben. Seit 1650 tut die alte Mühle ihren Dienst, ihr Rad läuft und läuft.

Auch Gabriele Ferron ist nicht zu bremsen. Er redet mit den Augen, den Händen, mit dem ganzen Körper. Dass ihm alles, was er als gelernter Koch auf den Tisch bringt, auch selbst schmeckt, sieht man. Aus jedem seiner Sätze spricht die Begeisterung für den Reis. Korn für Korn taucht er ab in die Geschichte der Region und der Pila Vecia. In der Bassa Veronese, der Ebene südlich von Verona, gehörte der *risotto* immer schon zu den Lieblingsgerichten im Alltag, man schätzt ihn hier mehr als die *pasta*. Nach Italien kam der *riso* über die Mauren und Spanier. Seit dem 15. Jahrhundert, so vermutet man, wird er auch im Veneto angebaut.

Er kenne sechzig bis siebzig Reissorten, doziert Gabriele Ferron, zu den Spitzensorten – und mit dieser Meinung steht er nicht allein – zählen der Arborio und der Riso Vialone Nano, sein Liebkind, das er hätschelt und pflegt. Im Vergleich zu den riesigen Reisplantagen im Piemont und in der Lombardei, in Vercelli, Pavia oder Novara, ist die Anbaufläche klein, gerade einmal tausendneunhundert Hektar groß. Und doch gilt der Vialone Nano Veronese unter Feinschmeckern als Geheimtipp. Der Rolls Royce unter den Reissorten, wie ihn Gourmetkritiker feiern. Oft genug verweisen sie dabei auf Isola della Scala und die Antica Riseria Ferron.

Eine sich endlos verbreiternde Ebene, durchzogen von Flüssen und Kanälen, von Wäldern mit Weiden, Erlen und Ahorn. Felder mit Spargel, Kiwi, Melonen. Dazwischen alte Villen und Landgüter,

Festungen aus der Zeit der Skaliger, kleine Dörfer und Städte mit romanischen Kirchen neben nichtssagenden Fabriken und Industriebauten. Die Kunsttischler der Region sind weithin bekannt, man stellt Möbel her und führt die alten Techniken der Restaurierung weiter. Das zweite wirtschaftliche Standbein ist der Reis, auch darauf baut man. Zahlreiche Mühlen säumen die Strada del Riso Vialone Nano Veronese. Die Pila Vecia ist deren älteste, ein einsames Gehöft zwischen Buttapietra und Isola della Scala. Die Fossa Zenobia fließt mitten durch die Mühle der Ferrons. Der Name des Flusses erinnert an die früheren Besitzer der Pila Vecia, die venezianische Familie Zenobia. Chroniken belegen, dass in der Serenissima am 26. April 1644 ein Antrag auf die Errichtung einer Reismühle gestellt wird, die man 1650 einweiht. Sie wechselt ihre Eigentümer etliche Male, ehe sie in den dreißiger Jahren des vorigen Jahrhunderts via Heirat den Ferrons zugeschlagen wird. Seit nunmehr fünf Generationen führen sie die *riseria,* alle arbeiten mit: Vater, Söhne, Enkel, Neffen, Cousins.

Stolz steht Gabriele vor dem alten Schaufelrad und zeigt auf die Fossa Zenobia. Die Wasserkraft lässt jene Energie entstehen, die den Betrieb der Mühle ermöglicht. Im Inneren des Hauses der Geruch von Mehl, ein feiner weißer Film überzieht Holz und Geräte. Staub zieht durch den Raum. Am Boden lagern Säcke mit Reis, von der Decke hängt ein Sieb. Ein Rattern ist zu hören, mehrere Maschinen laufen, die allesamt der Veredelung des Reises dienen. Und dann ganz hinten der Stolz der Ferrons, die alte Mühle. Kein Museumsstück, sondern eine immer noch funktionstüchtige Anlage. Für Kunsthistoriker ist die Pila Vecia ein Denkmal, das sie streng observieren, für die Besucher eine Einladung, sich einer Zeitreise zu überlassen.

Besucher können die *piloti*, wie die Reismüller heißen, bei ihrem Tagwerk beobachten. Es hat sich seit Jahrhunderten kaum verändert. Allein die Arbeitszeiten sind kürzer geworden, die Nachtschichten seltener. Doch sonst? Alles wie ehedem. Nur wer wirklich Gespür und Geschick bewiesen hat, darf hier Dienst tun, nach langer Lehrzeit und unter den strengen Augen der Ferrons. Der Respekt vor der Mühle ist groß, die *piloti* wissen um die Bedeutung jedes Handgriffs. Am Boden ruhen die Tröge aus Veroneser Marmor. In diesen Mörsern liegt der Reis, der in einem früheren Arbeitsgang von den Spelzen befreit wurde. Neun Stößel, die *pestelli*, sind in ein Gestell eingepasst und gehen nun in diesem Holzrahmen rhythmisch auf und ab. Die Körner werden auf diese Weise bewegt, reiben aneinander und schleifen sich ab. Eine traditionelle Technik, mit deren Hilfe der Vialone Nano Lavorato ai Pestelli entsteht, ein Mittelding zwischen Vollkornreis und raffiniertem Reis. Etwas grauer als der herkömmliche, dafür reicher an Mineralien, Vitaminen und Proteinen und auch voller, nussiger im Geschmack. Das Vorzeigeprodukt: nur in kleinen Mengen am Markt, zu haben in Delikatessenläden, verwendet in den Küchen der Spitzengastronomie, in den Luxusrestaurants zwischen Treviso, Verona und Mailand.

Sehr viel verbreiteter jener Vialone Nano, der in mehreren Arbeitsgängen mittels moderner Verfahren geschält und poliert wird, der Großteil davon in der modernen Mühle der Ferrons. Er ist etwas glatter und heller als sein Bruder aus der Pila Vecia. Eine Spezialität auch er, mit industriellen Produkten, die bis hin zur Geschmacklosigkeit raffiniert auf den Markt kommen, nicht zu vergleichen.

Ein Siegel tragen sie beide, das Emblem des »Consorzio Per La Tutela Del Riso Vialone Nano Veronese«, einer Genossenschaft von etwa dreißig Reisbauern und Müllern, die sich strengen Regeln unterwerfen und dafür die Anerkennung der EU erlangt haben, das begehrte IGP, »Indicazione Geografica Protetta«. Harte Arbeit, bis zu dieser Ehrung aus Brüssel. Man hat sich verpflichtet, den Riso Vialone Nano auf möglichst naturnahe Weise zu kultivieren und zu verarbeiten: keine Pestizide beim Anbau, Einhaltung des Fruchtwechsels, keine chemischen Produkte beim Polieren des Reises. Dass man die Felder mit Quellwasser fluten kann, ist ein Glücksfall. Etwas ängstlich der Blick in die Zukunft. Der Klimawandel beunruhigt, die zunehmende Hitze, das Nachlassen der Regenfälle. Je weiter man Richtung Verona kommt, umso trockener werden die Böden, umso seltener die Quellen.

Die Qualität sei eben alles, so Gabriele Ferron. In manchen Jahren bezieht er seinen Reis von fünf bis sechs Bauern, in anderen sind es nur zwei. Die sorgfältige Auswahl des Rohreises ist wichtig. Nur so können sich kleinere Mühlen im Schatten der Industrieriesen behaupten. Obwohl die Ferrons selbst keinen Reis anbauen, sind sie laufend mit den Produzenten in Verbindung. Man arbeitet Hand in Hand, berät sich miteinander. Im Frühling werden die Felder gepflügt und planiert und die Dämme kontrolliert und erneuert. Dann wird der Reis ausgesät. Wenig später flutet man die Felder. Eine künstliche Lagune entsteht, aus der nach wenigen Wochen die zartgrünen Pflänzchen herausragen. Zu jenem Zeitpunkt hat man die Karpfen schon ausgesetzt: Sie sollen Schädlinge fressen, den Boden locker halten und ihn düngen. Im September wird das Wasser abgelassen. Nun fängt man die Karpfen – ordentliche Kerle, der Sonntagsbraten.

Jetzt wird der Reis geerntet, gedroschen und so lange getrocknet, bis er eine Feuchtigkeit von etwa zwölf bis dreizehn Prozent erreicht hat. Erst dann ist er bereit für die Verarbeitung in den Mühlen. Vieler Hände Arbeit, trotz aller Maschinen, die heute zum Einsatz kommen. Wer die Kornkammern und Speisekammern voll weiß, hat Grund zum Übermut. In der Bassa Veronese wird gerne und viel gefeiert. Über das ganze Jahr verstreut gibt es eine Reihe kulinarischer Feste. Man huldigt dem *radicchio*, dem Stier und der Melone, man lässt die *polenta* hochleben, die Nüsse und die kleinen Fische. Doch das beachtlichste Spektakel gilt dem Reis. Ganz Isola della Scala steht Kopf, wenn im September die »Fiera del Riso« zehn Tage lang über den Ort hereinbricht. Fast vierhunderttausend Portionen *risotto* habe man im vergangenen Jahr verkauft, »una cosa incredibile«, wie Gabriele Ferron staunt: Unglaublich, was an den Tagen los ist. Da tanzt der Bär. Und danach kann der Herbst kommen, dann der Winter, wenn die Nebel über der Bassa hängen. »Da ruhen wir uns aus«, lacht Gabriele, »da sitzen wir neben dem Feuer und lassen es uns gut gehen.«

Wer's glaubt. Gabrieles Koffer sind allzeit bereit, man wartet auf ihn. Er geht auf Tournee. Denn mit der Produktion eines besonderen Reises allein sei es nicht getan, erklärt er, da brauche es schon noch einen Koch, der imstande sei, richtig damit umzugehen. Seit vielen Jahren reist Gabriele Ferron um die Welt, um Menschen aller Kulturen, Hautfarben und religiöser Bekenntnisse auf die richtige Zubereitung des *risotto* einzuschwören. Zeitungsausschnitte aus aller Welt preisen den *maestro* aus Isola della Scala. Inzwischen wissen auch die Chinesen, wie man Reis kocht, endlich. Doch ob sie den Direktiven des Signor Ferron auch wirklich folgen?

Des Meisters liebstes Rezept wechselt je nach Jahreszeit und dem, was die Natur gerade hergibt. Im Frühling sind's die *risotti* mit Spargel oder frischen Hopfensprossen, die bei ihm am Herd stehen, im Herbst kocht er am liebsten mit Kürbis, Pilzen oder den aus den Reisfeldern gefischten Karpfen. Und überhaupt: Fast jede Region des Veneto hat ihre Favoriten. In Treviso kommt der *risotto* mit dem Radicchio Trevigiano auf den Tisch, in Venedig der *risotto* mit den Meeresfrüchten, in Vicenza das *risi e bisi*. Gabriele Ferron kennt sie alle. Und natürlich würde er bei einem *Risotto Milanese* nie auf den Markknochen verzichten. In seinem Lokal, das er am Rand von Isola della Scala unweit der modernen *riseria* betreibt, könne er das so schon lange nicht mehr anbieten, bedauert er: Viele Kunden hätten Angst vor BSE. »So weit hat es die Menschheit gebracht, dass die Tiere verrückt werden.« Er schüttelt den Kopf, um gleich wieder in die Küche zurückzukehren. Einer seiner Favoriten ist der *risotto* nach Art von Isola della Scala. Und auch hier hat er seinen eigenen Kopf. Während andere propagieren, den Reis während der Garzeit stetig zu rühren und die Flüssigkeit nach und nach zuzugeben, vertraut Gabriele einer viel einfacheren, zeitsparenderen Methode.

Risotto All'Isolana

400 gr. Reis Vialone Nano, 8 dl Gemüse- oder Hühnerbrühe, 100 gr. Schweinsfilet, 100 gr. mageres

Kalbfleisch, 60 gr. Butter, 60 gr. Parmesan, etwas Zimt, Rosmarin, 1 dl Cognac oder Weißwein, Olivenöl, Salz und Pfeffer.
Butter auf kleiner Flamme mit einem Rosmarinzweig erhitzen. Wenn die Butter goldgelb ist, den Rosmarin entfernen und das fein gewürfelte Fleisch und den Cognac bei etwas höherer Temperatur anbraten. Mit Salz und Pfeffer würzen und noch etwas garen.
In einem Kochtopf Olivenöl erhitzen, den Reis glasig werden lassen. Die heiße Brühe dazugeben und umrühren. Den Topf fest verschließen und die Platte auf kleine Hitze schalten. Wenn der Reis zu ¾ gar ist, die Fleischsoße dazugeben, den Topf wieder schließen und das Ganze so lange leicht köcheln lassen, bis der Reis die ganze Brühe aufgenommen hat. Mit einem sauberen Tuch trocken tupfen und noch ein paar Minuten rühren. Den Risotto auf Teller geben und mit Parmesan und etwas Zimt bestreuen.

Und natürlich müsse man früh damit anfangen, auf den Reis zu setzen. Gabriele lacht wieder. Auf dem Gelände der Pila Vecia hat er eine Versuchsküche bauen lassen. Auf langen Tischen eine Reihe von Kochplatten, neben jeder ein Becher Reis, Butter, Parmesan, Salz und Pfeffer. In einem riesigen Topf brodelt die Suppe. Alles bereit für die Schulkinder, die in ein paar Minuten hier einfallen, um zu lernen, wie sich ein richtiger *risotto* rührt. Die Kunden von morgen. Gabriele Ferron und sein Scharfsinn, sein Sinn für Effizienz. Die Bassa Veronese lehrt den weiten Blick, und wer mit beiden Beinen auf dem Boden bleibt, kommt voran.

Ein Tag ohne *risotto* sei für ihn kein richtiger Tag, erklärt Gabriele Ferron. »Der Vialone Nano ist ein Teil von uns allen, dafür leben wir.« Große Worte.

Aber was braucht es mehr, als eine Handvoll Reis?
In jedem Korn ein kleines Stück Welt.

Susanne Schaber

So schmeckt der Sommer

Ein Kochkurs im Cilento

Luisa stellt zum Abschluss des Essens eine Flasche milchig-sonnengelben Likörs auf den Tisch und schenkt uns ein, der Sommer gluckert ins Glas. Wir sitzen auf der Terrasse ihres Landgasthofs »Il Mulino«, rundum flirren an den sanften Hängen Olivenbäume im Licht, am Talende breitet sich der blaumetallische Spiegel des Meeres aus. »Für diesen Mandarinenlikör nehme ich nur Früchte aus meinem Garten«, sagt Luisa, fährt sich durch ihre schwarzen Locken und grinst erwartungsvoll. Sie weiß, dass diese alkoholische Fruchtexplosion am Gaumen ihre Gäste noch einmal betören wird, so wie das schon mit jedem Gang geschah.

»Il Cilento apre le sue Cucine« – der Cilento öffnet seine Küchen – steht auf Luisas Schürze, das klingt weniger nach Kochkurs, eher nach einer herzlichen Einladung unter Freunden. Wir werden Köchen über die Schulter und in die Töpfe schauen, uns erklären lassen, wie zubereitet wird, was man hier so genießt. Luisa hat nie eine Kochschule besucht. Wozu auch. So wie sich die Männer hier von den Alten alles beibringen lassen, über Fische, Oliven und Wein, entdecken die Frauen alte Kochrezepte und so fügt sich alles fein zusammen für Urlauber, denen die Toskana zu aufgeräumt, Rimini zu voll und alles nördlich von Rom sowieso nicht italienisch genug ist.

Luisa kocht leidenschaftlich gerne – was aber

macht Luisa nicht mit Leidenschaft? »Ohne geht es nicht«, sagt die Vierzigjährige, eine Süditalienerin wie aus dem Bilderbuch, klein und kräftig, quirlig und doch mit einer Ruhe, wie sie bodenständige, in ihrer Tradition verwurzelte Menschen ausstrahlen. Luisas Kochkünste verführen zur Völlerei. Meeresgetier tischt Luisa häufig auf, ihr Mann Giuseppe und sein Bruder sind Fischer. Und so nimmt sie nun in ihrer blitzenden Aluküche zierliche Zahnbrassen aus, um sie *all'acqua pazza* zuzubereiten, im verrückten Wasser, in einem Sud aus Tomaten, Olivenöl und Petersilie. Erklärt nebenbei, wo diese Fische gefangen werden, mit welchen Netzen und zu welcher Saison.

Luisa hat das kräftige Weißbrot im Steinofen gebacken, das Gemüse gezogen, geerntet und eingelegt, das Öl kommt von den zweitausendzweihundert Olivenbäumen hinter dem Haus, der Wein von den tausendzweihundert Rebstöcken, sie halten Kühe, Schweine, Hühner und Ziegen, und zum Nachtisch reicht sie eine cilentanische Spezialität: weiße Feigen. Mal frisch vom Baum, mal getrocknet und gefüllt mit einer Mandel, einem Spritzer Zitrone und einem Hauch Fenchel, umgeben vom Lorbeeraroma eines Blattes. Ihr Mandarinen-Likör hat viel Arbeit als Digestif.

Üppige Gemüsevorspeisen und Fisch oder Fleisch machen noch keinen italienischen Abend, zunächst geht es um den *primo piatto*, die Nudel. Mit mehlbestäubter Schürze steht der Koch im Restaurant von Carmine Monzo, er betreibt zusammen mit seinem Schwager ebenfalls einen *agriturismo*. *Fusilli* heißt die klassische *pasta* der Region, spiralig gedrehte Nudeln. Jeder bekommt ein Metallstäbchen, ähnlich einer Stricknadel, aber kantig, um das herum werden Teigfitzelchen gewickelt. Im optimalen Fall. Bei Neulingen aber geht das Fusilli-Rollen getreu nach Murphys Gesetz: Mal haftet der Teig nicht am Stäbchen, mal geht er nicht mehr davon ab.

Zum Gemüsekochtag haben die Brüder Stefano und Angelo einen großen Tisch auf die Terrasse ihres *agriturismo* gestellt, auf ihm türmt sich die gartenbunte Ernte. Stefano ruft aus: »Wir könnten Auberginen dazunehmen!« Angelo holt welche, aus dem Garten hinterm Haus. Unglaublich, was hier alles an Gemüse zubereitet wird. In Minze marinierte Zucchinischeiben, gefüllte Auberginenschnitze, Bohnen in der Pfanne mit Tomaten geschmort, Paprikagemüse süß-sauer, mit *ricotta* gefüllter Salatkopf, und dazu wilder Spargel und Gewürzsträußchen. Eine dieser kleinen Tomaten, vom Tisch stibitzt, schmeckt so außerordentlich süß, rund und voll, was soll man nur in Zukunft zu Hause noch essen?

Mit am Küchentisch steht Anna Palma, die zweiundachtzigjährige *nonna*. Sie kommentiert wohlwollend, was ihre Enkel brutzeln: »Ja, das haben wir immer schon so gemacht, das haben die von mir gelernt.« Assuntina, ihre Tochter, hat nicht viel Zeit zum Plaudern, denn hinter dem dekorativen Tisch, auf dem alle Zutaten adrett aufgebaut sind, das grüne Olivenöl in einer Glaskaraffe leuchtet, das Gemüse gewaschen und geputzt in hübschen Hügeln sortiert daliegt, hinter diesem Arrangement an der frischen Luft kann man einen Blick in die Küche werfen: Dort werkelt Assuntina mit drei Mitarbeiterinnen; was Stefano vorne für die Gäste vorkocht, wird hinten in großen Mengen zubereitet.

Stefano beendet seine Vorführung, alle setzen sich an den langen gedeckten Tisch. Ein lauer Sommerabend liegt über den Hügeln des Cilento, Grillen zirpen in der Pergola. Weinkaraffen werden herumgereicht, aus der Küche bringen ameisenfleißige Köchinnen eine Gemüsevariation nach der anderen, so schmeckt der Sommer.

»Ciao Fabio!«, ruft die Tischgesellschaft ganz gewandt, als ein weiterer Gast hinzutritt. Die zwei Worte Italienisch perlen von den Lippen, so leicht wie der Rotwein in die Kehlen fließt. Fabio Calisti kommt gerne in den *agriturismo* »Zio Cristoforo«, denn Fabio liebt dessen *ravioli*. Da in den Landgütern Essen nur auf Vorbestellung serviert wird, rief er einmal an und orderte ein *Ravioli*-Essen für sich und zwei Freunde. Er kam allein, und freute sich diebisch über die Dreifachportion *ravioli* mit *Ricotta*-Füllung.

Fabio kocht selbst ausschließlich Fisch und Meeresgetier. Ihn Koch zu nennen wäre eine Untertreibung. Gegen ein Essen bei ihm wirkt Erlebnisgastronomie wie ein britischer Bridgeabend. In der Küche, und dann noch vor Zuschauern, da dreht der rundliche, quirlige Kerl auf. Hier bringt ein Fischer eine Styroporkiste mit Oktopoden, die langen Fangarme hängen unten heraus, dort am Spülbecken putzt eine der Köchinnen einen Tintenfisch. Gerade als sie erklärt, dabei müsse man vorsichtig sein, spritzt die Tinte in dickem Strahl über ihre Schürze. »Mamma mia«, jammert sie, »schon wieder. Ich hasse Tintenfische!« In einer riesigen Pfanne brutzelt Olivenöl, was sonst, tausendfünfhundert Liter jährlich verbraucht er. Fabio packt eine Languste mit einem halben Meter Spannweite – Barthaar bis Barthaar – und drückt sie in die Pfanne. Uuhh, einige wenden sich ab, ein martialisches Bild. »War schon tot«, beteuert Fabio. »Gestern ist eine fast herausgesprungen«, erzählt eine Köchin.

Die Languste in der Pfanne kennen wir schon, wir haben sie noch lebend gesehen. Am frühen Morgen hatte uns der junge Fischer Marco mit aufs Meer hinausgenommen. Zwei Kilometer lang sind seine Netze, die er am Abend zuvor ausgelegt hatte. Anfang und Ende schwimmen an der Oberfläche, der Rest sackt auf den Meeresboden ab. Marco holt fette Beute ins Boot, allein vier Langusten; das ist bereits ein Tagesverdienst. Marco beliefert einige Fischrestaurants im Cilento, diejenigen, die ihren Gästen lieber den teureren, aber frischen Fisch aus dem Meer vor der Haustür anbieten als tiefgekühlten Fang unbekannter Herkunft. Rotbrassen und Zahnbrassen sind die häufigsten Fische, aber manchmal verfängt sich auch ein Schwertfisch im Netz.

Langusten verstecken sich manchmal geradezu. »Das ist das Leben des Fischers«, so Marco in einer philosophischen Anwandlung, »man weiß nie, wann die Tiere herauskommen«. Oft hängt neben der Languste eine große Seezunge im Netz, an die sich das Schalentier angepirscht hatte. Leer gefischt sei das Mittelmeer nicht, ist Marco überzeugt. Allerdings sei es schwer geworden, einen großen Fang zu holen. Er könne nicht einfach irgendwo seine Netze auswerfen. »Du musst das Meer kennen, musst wissen, wo Langusten sich verstecken, wo Fischschwärme ziehen.« Muskelkraft allein reicht nicht. »Hier musst du mit dem Kopf fischen«, sagt Marco.

Wir erkennen: Was die Männer und Frauen im Cilento von ihren Vorfahren gelernt haben, kann sich bis heute sehen lassen. Und schmecken. Auf den Tellern kreuzen sich die Schätze des Meeres und der Berge, und der Himmel schüttet endlose Tage lang sein verschwenderisches Blau über der Meeresewigkeit aus. Wir genießen das Glück, ein paar Tage in diese Üppigkeit des Südens einzutauchen – und unsere selbst gedrehten *fusilli*.

Barbara Schaefer

Landpartie zur glücklichen Sau

Am Wochenende fahren die Römer gerne hinaus aus der Stadt – um zu essen

Immer wieder sonntags gibt es vor Marcellas winzigem Geschäft an der Piazza von Ariccia einen gewaltigen Stau. Dann nämlich stehen die Römer Stoßstange an Stoßstange, die Autoradios lärmen. Und bevor nicht auch der letzte hungrige Ausflügler seine *porchetta* bekommen hat, das gegrillte Schweinefleisch, das das Städtchen in den Albaner Bergen in ganz Italien berühmt gemacht hat, ist an ein Weiterkommen nicht zu denken. Viele Großstädter finden ihren Weg die paar Treppenstufen hinunter zu Marcella, die samt ihren neunundsiebzig Jahren mit rosigem, glattem Gesicht den Ansturm pariert und das Messer wetzt. Vor ihr auf der Theke liegt eine gewaltige Sau, mit Oregano, Rosmarin, Knoblauch und wildem Fenchel gewürzt und mit einer feinen, festen Kruste. Marcella säbelt großzügige Stücke ab, packt sie zwischen zwei Brotscheiben und reicht eine Dose kaltes Bier dazu. Das war's, und doch stehen die Römer mit Gesichtern im Laden herum, als sei ihnen soeben die Muttergottes erschienen. Auf dem Land, nach so vielen mühsam zurückgelegten Kilometern mit quengelnden Kindern auf dem Rücksitz und der Oma im Gepäck, schmeckt es eben einfach besser. »An einem schönen Sommertag verkaufe ich schon mal zwei komplette Schweine«, sagt Marcella mit einem amüsierten Lächeln: »Wir in Ariccia haben die *porchetta* ja eigentlich immer nur zu besonderen Festen gemacht. Aber die Römer kommen, sie wollen essen, sie essen viel …«, und dann muss sich Marcella auch schon wieder einem Kunden zuwenden, der sich noch ein paar *coppiette*, im Ofen geröstete und anschließend getrocknete Schinkenstreifen, mit nach Hause nehmen will – um auch noch am Mittwoch von einem besseren Leben auf dem Land zu träumen.

Sonntägliche Landpartien sind ein urrömischer Ritus, vielleicht, weil in jedem Römer immer noch ein heimlicher Bauer steckt. Einst hatten viele der inzwischen in Betonburgen eingezwängten Städter ein Gärtlein in der Campagna Romana, und noch heute kann man in wüsten Vorstädten ältere Herrschaften antreffen, die auf handtuchgroßen, der Straße abgetrotzten Beeten liebevoll Broccoli und Tomaten züchten. Der Ausflug aufs Land, in den Garten und in die *trattoria* im Grünen gehörte einmal zum Sonntag wie der Gottesdienst. Heute haben die meisten ihre Gärten als Baugrund verkauft, doch das Endziel der Landpartie ist dasselbe geblieben: »una grande mangiata e una bella bevuta«, wie es in Rom heißt, also ein großes Fressen mit was Anständigem zu trinken.

Kuriosester Ausdruck dieses Bedürfnisses ist die *fraschetta*, ein typisches Lokal der Castelli Romani südlich von Rom. Früher eine einfache Weinschenke, in die die Heerscharen der Hungrigen, ähnlich wie in die bayerischen Biergärten, ihre Brotzeit selbst mitbrachten, hat sich die *fraschetta* inzwischen zu einem rustikalen Gasthaus mit elaboriertem Angebot entwickelt: Neben der *porchetta* gibt es jetzt häufig eine ganze Speisekarte mit Spezialitäten wie Wildschwein oder sogar Fisch – ein Fortschritt, finden die einen, ein Stilbruch, die anderen. Die Qualität variiert stark. So manches Mal muss der Gast seine Einbildungskraft schon sehr bemühen, um zu ignorieren, dass der kredenzte Wein nicht gerade ein edler Tropfen ist und das Schwein auf seinem Teller nicht auf einem Bilderbuch-Bauernhof aufwuchs, dafür aber in einer der großen fleischverarbeitenden Fabriken von Ariccia sein Ende fand.

In eine klassische *fraschetta* jedoch darf man heute noch selbst etwas zu essen mitbringen, und was der Wirt anbietet, ist ebenso einfach wie gut: *porchetta* und Oliven, pikante *salami* und Büffelmozzarella und zum Nachtisch die *ciambelle,* süße Teigkringel, die in Dessertwein getaucht werden. Rustikal geht es hier zu: Man sitzt an langen Holzbänken und isst von Papptellern. Das gefällt vor allem den jungen Leuten, die oft eigens aus Rom hinausfahren, um hier den Samstagabend zu verbringen. Dann tobt in den Gassen von Ariccia das Leben wie in einem römischen Ausgehviertel. Wer Glück hat, kann in einer *fraschetta* Szenen erleben wie aus einem Fellini-Film: Da wird ein Trinklied angestimmt, eine versammelte Großfamilie vertilgt stundenlang Berge von Essen, Kinder tanzen zwischen den Bänken herum. Das alles bei einer beeindruckenden Lautstärke.

Allerdings suchen die Römer bei ihren Ausflügen heute längst nicht mehr nur ein nettes Plätzchen mit annehmbaren Speisen. Eingekerkert zwischen Beton und lärmenden Straßen, oft ohne die Möglichkeit, auf einem Markt einzukaufen, träumen sie von glücklichen Kühen, duftendem Obst und wogenden Weizenfeldern wie in den Werbespots großer Nudelfabrikanten. Lebensmittelskandale haben auch Italien erfasst, Bio-Produkte werden gerade Mode. Gefragt ist das typische Produkt, das traditionelle Gericht, und so mancher Römer fühlt sich sonntags als Trüffelschwein auf der Suche nach bisher unerkannten Schätzen. An Waldesrändern kann man Großstädtern in Gummistiefeln auf der Suche nach Pilzen oder wildem Spargel begegnen. Manch braver Familienvater mutiert in seiner Freizeit zum Jäger, der gnadenlos Fasanen, Rebhühnern und Kaninchen nachstellt. Beim Ausflug aufs Land mit der Familie wird scharf abgebremst vor Höfen, die selbst geschlachtetes Fleisch oder Honig offerieren. Und die Bauern, die entlang der Landstraßen ihre Tomaten und Melonen verkaufen, finden stets Kundschaft. Das Gemüse schmeckt doch gleich besser, wenn man es unter der Gefahr eines Auffahrunfalls unter einem schattigen Baum erstanden hat statt im Supermarkt in der römischen Vorstadt.

Einer, der sich darüber freut, ist Francesco Ceccalupo vom Verein »Ecce Vinum«. »Il gusto nella cultura«, der Geschmack in der Kultur, ist etwas hochtrabend auf seiner Visitenkarte zu lesen. Doch was heißt hier hochtrabend, man hat eben so seine Ansprüche, und wenn es dem Römer mit etwas blutiger Ernst ist, dann mit dem Essen. In Anzug und Krawatte und mit feierlicher Miene steht Ceccalupo deshalb unter einem weißen Sonnenschirm in dem kleinen Park bei der Engelsburg in Rom und preist einer Schar andächtig lauschender Großstädter vor Plastiktellern die echte und einzige *ricotta* Latiums an. »Seht dieses porzellanene Weiß!«, ruft er, »Erahnt die Weiden, auf denen diese Tiere gegrast haben!« Sein Publikum nimmt mit den Mienen von Star-Gastrokritikern ein Löffelchen von dem milchigen Wunder aus einem kleinen Betrieb am Lago Bracciano und lässt sich dazu einen amberfarbenen Süßwein aus Terracina schmecken, laut Ceccalupo ein reines »Konzentrat aus Sonne, mit Noten von Datteln und Honig«. Die

Spezialitätenverkostung ist ein echter Renner auf der Messe »La campagna in città«, »Das Land in der Großstadt«, die die römische Handelskammer jedes Jahr veranstaltet. Bio-Honig, selbst gemachte Konfitüren, Kuchen, Liköre, Wein und sogar Bio-Bier von einem Brauer aus Ciampino werden hier präsentiert, ach was, was heißt schon präsentiert: probiert und mit großen Gesten diskutiert und kommentiert. Und bei alledem schwingt der Stolz darüber mit, dass diese wunderbaren Dinge so nahe der Großstadt produziert wurden.

Latium hat eine einfache, bäuerliche, auch ein wenig derbe Küche mit vielen Gerichten, die inzwischen kaum noch auf den Tisch kommen, weil sie nicht mehr dem heutigen Geschmack entsprechen: *pagliata* etwa, geschmorter Darm vom Milchkalb, Kutteln oder *coda alla vaccinara*, Ochsenschwanz, der in Weißwein mit Zwiebeln und Tomaten geschmort wird. Um die Produkte aber, die das Land um Rom hergibt, wird ein großes Spektakel veranstaltet: Zu jeder Jahreszeit steht irgendwo eine *sagra* auf dem Programm, eine Art Volksfest, das um eine bestimmte Spezialität kreist. Sowohl Römer als auch Landbewohner legen klaglos und voller Begeisterung lange Wegstrecken zurück, um etwas Typisches zu verzehren: Die kleinen, süßen Erdbeeren von Nemi in den Albaner Bergen zum Beispiel, sauteuer, aber was soll's? Hauptsache sie schmecken, die *Sagra delle fragole* ist jedes Jahr Anfang Juni ein voller Erfolg in dem malerischen Örtchen über dem See. Das Städtchen Amatrice an der Grenze zwischen Latium und den Abruzzen lädt Ende August zur *Sagra degli spaghetti all'amatriciana*, wo dann Berge der berühmten Nudeln mit *pancetta*, also Speck vom Schweinebauch, Tomaten und *pecorino* unters Volk kommen.

Und so geht es immer weiter: Mal wälzen sich die Autokolonnen zum Fest der Artischocken in Ladispoli, mal zu dem der Weintrauben in Marino in den Castelli Romani, wo dann Wein aus den Brunnen sprudelt. Mal werden in Soriano nel Cimino die Kastanien gefeiert, mal sind die Fische aus dem Bolsena-See an der Reihe. Bei jedem dieser schier unzähligen Feste sind alle Einwohner von Stadt oder Dorf auf Achse, um Essen auf Plastikteller zu verteilen und Wein auszuschenken, in Erinnerung an die alten bäuerlichen Werte der Gastfreundschaft und Großzügigkeit. Man sitzt unter freiem Himmel, die Jüngsten drehen im Kinderkarussell ihre Runden bis ihnen schlecht wird. Oft spielt eine Musikkapelle alte Schlager, die älteren Herrschaften tanzen dazu. Zum krönenden Abschluss gibt es ein Feuerwerk, und das ist dann der Moment, in dem auch der vom Stadtleben völlig überzeugte Römer das Herz eines Bauern ganz tief drinnen in seiner Brust fest und warm schlagen hört.

Veronika Eckl

Augen zu, Löffel in den Mund

Lebensgenüsse in Cividale: eine Zeitreise

Löffelchen, kleine Blechlöffelchen, gut zwanzig Stück. Ohne die geht für Moreno Scubla einfach gar nichts. Sie lagern unterm Ladentisch und warten auf Ausgang. Moreno Scubla lässt sie häufig raus. Jedes Mal, wenn ein Kunde sein Geschäft ansteuert, um Öl zu kaufen und dies auch ernst nimmt, kommen die *cucchiainos* zum Einsatz. Dick und träg fließt das Öl aus den Flaschen in die Löffel: *extra vergine* von der ligurischen Küste, vom Gardasee und aus dem Friaul, biologisches Olivenöl aus den Marken und der Toskana, Öl *per cucinare e mangiare*, günstiges Öl und teures. Gut sind sie alle. Jedes schmeckt anders: scharf und kräftig das eine, fruchtig das andere, etwas milder, weil länger gelagert, das dritte. Und jedes von ihnen öffnet die Sinne für eine andere Landschaft, für einen anderen Baum. Eine Expedition, Schluck für Schluck.

Cividale, Corso Mazzini, die Hauptstraße durch die Altstadt. Auf Nummer 33 ein Geschäft. »Scubla – Antica Drogheria«, durchsichtige Lettern auf Milchglas. Und darüber noch ein Hinweis: »Torrefazione del Caffè«, Kaffeerösterei. Hinter einer Tür aus Holz liegt ein altmodisch anmutender Laden, weiß lackierte Einbaukästen und Regale, spätes Art déco, ein grauer Kachelboden. Seit 1921 gibt es die *drogheria*, seit bald vierzig Jahren ist sie im Besitz der Familie Scubla. Moreno und Ermes haben das Geschäft von ihrem Vater übernommen, und der hatte es seinem Vorgänger abgekauft. Ursprünglich seien hier Kolonialwaren und Putzmittel verkauft worden, erzählt Moreno. Aber ihm habe die Bezeichnung *drogheria* so gut gefallen, dass er sie beibehalten habe, obwohl man inzwischen nichts mehr am Hut habe mit Kernseife, Bienenwachs und Möbelpolitur.

Die Scublas bieten keine ausgesucht teuren Delikatessen an, ihr Geschäft ist ein Feinkostladen im eigentlichen Sinn des Wortes, mit *pasta*, Reis und *polenta*, *grappa* und Wein, Käse und *mortadella*. Dazu *sughi* und Konfitüren, Dosen mit eingelegtem Gemüse und Fisch, feinste Schokolade, Mandelcreme und kandierte Früchte. Daneben Alltägliches: Puddingpulver, Ramazzotti, Joghurt. Ein Laden für alle, die dem Supermarkt nicht trauen. Einkaufen, verkosten, schwatzen. Wer sich dafür nicht Zeit nimmt, der versäumt das Leben.

Die Cividalesi leben ganz selbstverständlich mit der Vergangenheit, in mittelalterlichen Fachwerkhäusern, venezianischen *palazzi* und bodenständigen, fast schon alpin wirkenden Häusern. Die Grenzen zu Slowenien und Österreich sind nah, und auch Hochgebirge und Meer nicht weit. In Cividale finden viele Straßen zusammen. Vielleicht ist das der Grund, hier Jahr für Jahr das sommerliche Mittelfest zu feiern. So hat man es getauft, es trägt einen deutschen Namen. Künstler aus allen Ländern Mitteleuropas reisen hierfür an, zu Konzerten, Lesungen, Theaterabenden. Es ist heute nicht viel anders als früher: Kulturen und Sprachen durchdringen einander, einer nimmt sich vom anderen, was er brauchen kann. Man fürchtet sich nicht mehr vor dem Fremden. Herrscher und Geschlechter sind gekommen und auch wieder abgezogen: Kelten,

Römer, Goten, Langobarden, später die Venezianer und die Österreicher, schließlich Franzosen und Italiener. Das öffnet den Blick, macht gleichmütig und besonnen.

Die ganz alltäglichen Rituale ändern sich ohnehin nicht. Das Gläschen Refosco am Vormittag, der Schwatz mit dem Briefträger, der Espresso im Caffè San Marco unter der Loggia des Rathauses. Am frühen Nachmittag endet das geschäftige Treiben. Alle drängen nach Hause. Die Geschäfte haben die Rollbalken unten, aus den Fenstern dringt das Klappern von Geschirr. Dann wird es auch dort still. *Siesta.* Auf der Piazza Paolo Diacono fährt ein Auto vor, zwei Polizisten steigen aus und verschwinden im Caffè Longobardo. Nichts zu tun um diese Zeit.

Erst nach sechzehn Uhr erwacht die Stadt aus dem Schlaf. Dann sperren auch die Brüder Scubla ihren Laden wieder auf. Sogar am Sonntag im Geschäft zu stehen, wenn die Cividalesi vom Kirchgang zurückkehren und durch die Altstadt flanieren, scheint selbstverständlich. So war es doch immer schon, und so wird es bleiben, meinen die beiden Herren in ihren altmodischen braunen Kitteln. Verschlossen der eine, verschmitzt und mit blitzenden Augen der andere. Ermes ist wortkarger, er bleibt im Hintergrund. Doch Moreno sucht das Gespräch. Er verkauft nicht nur Produkte, sondern auch Geschichten. Er kennt seine Kunden, er spürt sofort, wenn der Funke springt. Und dann geht's erst richtig los. Öl also: Nummer eins, zwei und drei fließen in den Löffel. Zuerst ein ganz junges aus der Toskana, dann das ein Jahr alte vom Gardasee, zuletzt ein biologisches aus Ligurien. Und wo ist das *olio* aus dem Val Rosandra nahe Triest geblieben, das hier jahrelang verkauft wurde? Dort hatte sich ein pensionierter

Bankdirektor seinen Traum erfüllt, wie Signor Scubla wusste. Jeder seiner Bäume wurde sorgfältig gepflegt und beschnitten, Ast für Ast, sodass sich alle Kraft in den wenigen Früchten sammelte, die er Jahr für Jahr erntete. Der Ertrag war klein, und die Auslese der Oliven nochmals eine Prozedur. Das Öl, das auf diese Weise entstand, ist … Moreno Scubla rollt mit den Augen. Und heute, ja heute haben die Söhne den Betrieb übernommen und eine PR-Maschinerie in Gang gesetzt. Da stecke nun viel zu viel Design mit drin. Und die Qualität des Öls, die habe verloren. Seither führe er es nicht mehr.

Aber er habe dafür etwas anderes, etwas ganz Besonderes, ein *olio di Sicilia*, verrät er. So eines müsse man erst einmal finden. Moreno Scublas Stimme wird leise. Der Griff ins Regal. Das Gut in Marausa im Osten der Insel gehöre einem Apotheker, und der habe sogar Schädlingsfallen entwickelt, die ohne Chemie auskommen. Und das Öl, das schmeckt – Moreno Scubla hält ein Löffelchen bereit. Augen zu.

Und jetzt noch der *aceto*, der Essig. Wie wär's mit dem Vincotto aus Apulien, sechs, acht oder zehn Jahre alt? Eine Spezialität der Gegend: Aus Trauben, die noch am Weinstock trocknen, gewinnt man Most. Der wird eingekocht, mit Essig versetzt und in Eichenfässern gelagert. Dann kommen die Früchte dazu, Feigen zum Beispiel. Perfekt zu Ziegenkäse. Der Vincotto mit Erdbeeren, der sei wirklich süß, meint Moreno, den müsse man mögen. Ihm sei er zu klebrig. Es gebe auch einen mit Himbeeren – passe wunderbar zu Vanilleeis. Das esse man auch in Lecce gern, und nicht nur dort.

Die kulinarischen Meridiane Italiens scheinen allesamt durch das kleine Geschäft in Cividale zu laufen. Und wo bleibt das Friaul auf dieser Landkarte des Genusses? Nicht alle regionalen Erzeugnisse finden Signor Morenos Gnade. Viele der lokalen Anbieter, so erstklassig sie auch arbeiteten, hätten im Moment einfach noch nicht die Kapazität, in größerem Stil zu produzieren, meint er. Andere wiederum, gibt er zu bedenken, seien für ihn einfach nicht gut genug. Und gut muss man sein, sonst hat man bei Moreno keine Chance. Ihm reicht es nicht, Produkte mehrmals zu verkosten, nein, er reist ihnen hinterher. Wenn es sein muss, bis nach Sizilien. Dort, auf der Insel Favignana, lebt einer seiner liebsten Geschäftspartner, Antonio Tammaro. In der Antica Tonnara di Favignana stellt Antonio alles vom Thunfisch her: *bottarga, tonno rosso del mediterraneo* und *tonno salato agli aromi, salame di tonno, tonno affumicato*. Stolz zeigt Moreno auf die Gläser mit den Fischkonserven und zieht dann ein abgegriffenes Foto aus einem Fach unter der Kassa: Da steht er am Meer, zusammen mit Antonio. Beide Männer halten sich an einem riesigen Thunfisch fest. Moreno strahlt. Und nun stellen Sie sich *spaghetti* vor, so seine Übung in lukullischer Imagination, *spaghetti* mit nichts anderem als einem kleinen bisschen von dieser *bottarga* erster Qualität, diesem Thunfischrogen, dem Kaviar Siziliens, dünn über die Nudeln gerieben …

Ob er denn selbst regelmäßig koche? Natürlich, welche Frage, täglich. Zwischen Hausbrandt Kaffee, Tocai Friulano und dem Grappa Nonino steht ein Regal mit abgegriffenen Kochbüchern aus ganz Europa. Cividale ist nicht groß, hier kommt man schnell an seine Grenzen. Doch in der Küche reist Moreno durch Italien, Frankreich und Spanien, durch Griechenland und die Türkei. Zu fast jedem seiner Produkte hat er die passenden Rezepte auf Lager. Oder auch einen Rat: Der Riso Vialone Nano, der sei natürlich nur für einen *risotto* mit Gemüse geeignet, der Carnaroli, den könne man auch mit Fisch oder *salsiccia* kombinieren.

Eigentlich ist das alles ganz einfach, meint Moreno Scubla. Man muss einfach wissen, wie man's anlegt. Nicht nur beim Essen. In Cividale könnte man's lernen. Licht aus, Rollbalken herunter, es geht los.

Suanne Schaber

Nachweis

Die hier versammelten Texte sind überwiegend aus Bänden der Reihe Picus Lesereisen entnommen:
Klaus Brills Beiträge *Der Duft der kleinen weiten Welt*, *Aufstand gegen den Big Mac* sowie *Und Cristina holt den Schraubenzieher* aus dem Band *Die Baronessa, die Eisfrau und der rote Premier. Italienische Bekenntnisse;* sein Beitrag *Königin mit dreigezinktem Zepter* aus *Lesereise Rom. Die Köchin, die Pornodiva und der Papst;*
Christiane Büld Campettis Beitrag *Es darf ruhig wieder Chianti sein!* aus *Die Außenstelle des Paradieses. Toskanische Tagträume;*
Dorette Deutschs Beitrag *Oliven und Meer* aus *Madonnen blicken über das Meer. Ligurische Küstengeheimnisse;*
Veronika Eckls Beitrag *Landpartie zur glücklichen Sau* aus *Hinter Rom beginnt das Zauberland. Magisches Latium;*
Susanne Friedmanns Beitrag *Pastorale Gefühle* aus *Ein Kuss für David. Florentiner Flirts;*
Natalie Johns Beiträge *Ein Volk von Wurstmachern*, *In vino veritas – und jede Menge Arbeit* und *Die »Goldsucher« mit der kalten Schnauze* aus *Franziskus, die Winzer und der Trüffelhund. Umbrische Genüsse,* der Beitrag *Vucciria* aus *Lesereise Sizilien. La Mamma, die Mafia und der Tunfischjäger;*
Christiane Kohls Beitrag *Schlechte Zeiten für Artischocken* auf der Seite 3 der *Süddeutschen Zeitung;*
Susanne Schabers Beitrag *In jedem Korn ein Stück Welt* aus *Weit hinten lacht die Ewigkeit. Streifzüge durch Venetien;* ihr Beitrag *Augen zu, Löffel in den Mund* aus *Großes Welttheater auf kleiner Bühne. Logenplätze in Friaul und Triest;*
Barbara Schaefers Beitrag *So schmeckt der Sommer* aus *Limoncello mit Meerblick. Unterwegs an der Amalfiküste und im Cilento;*
Birgit Schönaus Beitrag *Kreuzzug für die Pizza* aus *Der älteste Nabel der Welt. Entdeckungen in Neapel und Kampanien;* der Beitrag *Wer wird denn gleich fasten* erschien ursprünglich in der *Zeit.*